Uma Porta para a Luz

Carmen de Sayve
Jocelyn Arellano

Uma Porta para a Luz

Testemunhos dos que, ao morrer, não seguem de
imediato para a luz. As diferentes razões
disso e como ajudá-los

Tradução
MARIA STELA GONÇALVES
ADAIL UBIRAJARA SOBRAL

EDITORA PENSAMENTO
São Paulo

Título do original: *Una Puerta Hacia La Luz*.

Copyright © 1997 Carmen de Sayve e Jocelyn Arellano.
Todos os direitos reservados. Nenhuma parte deste livro pode ser reproduzida ou usada de qualquer forma ou por qualquer meio, eletrônico ou mecânico, inclusive fotocópias, gravações ou sistema de armazenamento em banco de dados, sem permissão por escrito, exceto nos casos de trechos curtos citados em resenhas críticas ou artigos de revistas.

O primeiro número à esquerda indica a edição, ou reedição, desta obra. A primeira dezena à direita indica o ano em que esta edição, ou reedição, foi publicada.

Edição	Ano
1-2-3-4-5-6-7-8-9-10	02-03-04-05-06-07-08-09

Direitos de tradução para a língua portuguesa
adquiridos com exclusividade pela
EDITORA PENSAMENTO-CULTRIX LTDA.
Rua Dr. Mário Vicente, 368 — 04270-000 — São Paulo, SP
Fone: 272-1399 — Fax: 272-4770
E-mail: pensamento@cultrix.com.br
http://www.pensamento-cultrix.com.br
que se reserva a propriedade literária desta tradução.

Impresso em nossas oficinas gráficas.

Sumário

INTRODUÇÃO 7

CAPÍTULO UM
A MORTE NÃO EXISTE 13

CAPÍTULO DOIS
O DESPRENDIMENTO 43

CAPÍTULO TRÊS
O ASTRAL 67

CAPÍTULO QUATRO
A REENCARNAÇÃO 93

CAPÍTULO CINCO
MORTES INESPERADAS 121

CAPÍTULO SEIS
MEDIUNIDADE, OUTROS PLANOS E ESTADOS
ALTERADOS DE CONSCIÊNCIA. BRUXARIA 141

EPÍLOGO 155

Introdução

Aquele que ensinar os homens a morrer vai ensiná-los a viver.

— MONTAIGNE

Desde épocas muito remotas, a humanidade tem perguntado se a morte significa a total aniquilação do ser ou se há vida depois dela. Cada religião ou escola filosófica oferece a sua versão; e embora haja quem negue a imortalidade, são muitos os que crêem na sobrevivência da alma.

É verdade que a morte constitui um grande mistério; contudo, a única certeza que temos é a de que algum dia, cedo ou tarde, todos haveremos de passar por esse transe chamado morte. Paradoxalmente, essa é a única coisa para a qual não somos preparados. Porém, uma vez que a morte é inevitável para qualquer ser que nasça e viva neste plano, pode ser proveitosa conhecê-la para temê-la menos.

O conceito de morte nos põe diante da perspectiva da eternidade ou do nada. Há quem procure demonstrar ou negar a sobrevivência da alma apoiando-se em métodos científicos ou em princípios filosóficos. Acreditar que se possa demonstrar isso cientificamente é uma intenção vã: a ciência corresponde ao campo da mente racional, ao plano da matéria física, ao passo que a vida do "além" pertence a outro sistema de realidade cujas vibrações são mais sutis. Como então poderíamos medir o intangível por meio de um instrumento limitado ao plano terreno? Ainda que seja certo que a vida depois da morte não pôde ser comprovada cientificamente, temos, por outro lado, cada vez mais evidências que sugerem a sua existência. Fazem-se em vários países experiências cujos resultados são surpreendentes, como gravações de vozes de pessoas mortas e até diálogos com elas, por meio de aparelhos projetados especificamente para esse fim — e já se chegou até a imagens dos falecidos.

O propósito desta obra não é demonstrar aquilo em que já se crê ou não se crê, mas simplesmente expor certos conhecimentos, sejam obtidos diretamente de outras realidades ou provenientes de estudos de diferentes fontes, bem como compartilhar uma série de experiências por que passamos, por certo dirigidas a partir de outros planos de consciência, experiências que derivam desta verdade, a cada dia mais patente: a sobrevivência da consciência humana depois da desintegração do corpo físico.

O medo que se tem da morte faz que se prefira ignorá-la: não pensar nela e rejeitá-la, como se ela fosse a inimiga da vida. Para os materialistas, a morte significa a total supressão da vida, já que, quando se desfaz o corpo com o seu cérebro, a inteligência que nele habita também desaparece. Contudo, a nossa mente não é o cérebro: este é o instrumento de que ela se serve para exprimir-se nesta dimensão.

A vida é eterna, isto é, aquilo que atualmente vivenciamos não passa de uma parte mínima da nossa existência, de todo o processo vital de evolução no qual nos achamos imersos. Daí que a nossa vida não esteja limitada apenas a uma passagem pela Terra, mas ligada a todo um processo evolutivo de aperfeiçoamento.

Nos últimos anos, ocorreram cada vez mais casos de pessoas que, depois de declaradas clinicamente mortas, voltam à vida. Os pesquisadores desses casos, como os doutores Raymond Moody, Melvin Morse, Kenneth Ring e muitos outros, reuniram os relatos dessas experiências, relatos com coincidências impressionantes, trazendo dados fascinantes sobre o que denominaríamos o limiar da morte. Esses informes dizem que, quando se dá a morte clínica, a pessoa se desprende do corpo físico, podendo observá-lo de uma certa distância.

Em seguida, ela é levada por um túnel até uma luz maravilhosa da qual emana uma sensação de paz e de amor indescritíveis. A liberdade e o prazer que sente nesse estado fazem-na não querer regressar à existência terrena; mas, por diferentes motivos, há algo que a impele a voltar a se limitar ao veículo corporal que havia deixado.

Todas as pessoas que passaram por experiências semelhantes sofrem uma transformação radical em sua vida. O temor da morte desaparece e cede lugar à tomada de consciência do verdadeiro sentido da vida, na qual o mais importante é agir com AMOR. Sua incursão nesse outro plano de realidade as aproxima do conhecimento do autêntico objetivo da vida terrena, que é a aprendizagem e a superação.

Essas experiências só nos comprovam o fato de a nossa consciência ser independente do corpo físico, o fato de que, quando este morre, aquela não desaparece.

Somos instruídos a negar a morte, devido à convicção de que ela significa extermínio e perda. A maioria das pessoas a nega ou a teme, acreditando que o simples ato de mencioná-la pode atrair algo negativo. Não obstante, morrer é parte do processo vital, e quanto menos o aceitarmos tanto mais difícil será para nós o momento da morte. E o que vem depois dela. É o medo que nos impede de viver a vida e a morte de modo pleno: medo das mudanças em nossa vida cotidiana, medo com relação ao que se dirá, medo de não ser reconhecido, medo de deixar o que se tem, medo do desconhecido, medo de que tudo termine. Quanto mais compreendermos ser a vida uma contínua mudança, uma vez que estamos em incessante evolução, tanto melhor aceitaremos o conceito de morte. Deveremos morrer a cada momento para o passado a fim de viver e aprender com aquilo que a vida nos oferece no presente. Quanto mais virmos a morte não como o final da nossa existência, mas como a porta de acesso a outra realidade, de natureza superior, tanto mais nos familiarizaremos com ela, o que nos vai libertar do temor que ela nos infunde.

Afirmar que nada permanece, que tudo muda, é o mesmo que afirmar que este mundo é ilusório, que a única coisa real e permanente é o nosso Eu superior ou a nossa essência divina. As experiências e o corpo passam, mas o nosso espírito é eterno. Raramente aproveitamos a notícia da morte de alguém para nos darmos conta de que tudo é transitório.

O universo e tudo o que existe não são coisas estáticas; acham-se em perpétua mutação. E a morte é uma dessas mudanças que é melhor ver chegar com tranqüilidade em seu momento, sabendo que, no longo caminho da evolução, nos faltam ainda inúmeras coisas a descobrir, desde logo, uma nova vida que parece ser a verdadeira.

Tememos o desconhecido, mas o maior temor é não saber quem somos. Perdemos de vista a nossa identidade ao crer que somos separados do resto da criação e, ao nos sentir sós e vulneráveis, baseamos a nossa segurança identificando-nos com coisas externas que, como é evidente, vamos perder na hora da morte. Vivemos tentando afirmarnos mediante o controle da nossa própria vida e da dos outros. Eis a razão do nosso medo: perder tudo aquilo em que baseamos a nossa vida — mas isso não passa de ilusão. Uma ilusão no sentido de que tudo aquilo que cremos perder não passou de uma peça teatral de que tivemos de participar a fim de aprender e de que, quando baixar o pano, voltamos à nossa verdadeira vida, na qual se esclarece a finalidade do roteiro.

Nossa proposta aqui apresentada é partilhar com os nossos leitores algumas experiências que nos puseram em contato com esse outro plano em que se encontram os chamados mortos. Eles nos ajudaram a compreender um pouco melhor as dificuldades que algumas almas têm de superar antes de se ver libertas da atração terrena e de chegar ao plano de luz que lhes cabe. Pelo que pudemos compreender, essa passagem ocorre com maior ou menor facilidade a depender da espiritualidade de cada pessoa.

A mediunidade é a faculdade que tem todo ser humano de pôr-se em contato com outros planos de consciência ou de realidade. Todavia, algumas pessoas têm essa faculdade mais desenvolvida do que outras. Sem que nos demos conta disso, estamos em contínuo contato com esses outros planos ou dimensões em que se encontram os chamados mortos, que na realidade estão mais vivos do que nós. Recebemos a sua ajuda de modo constante: sejam santos, professores, guias, anjos da guarda ou simplesmente pessoas da família já falecidas, todos se preocupam com a nossa evolução e com o nosso bem-estar, comunicando-se conosco de forma telepática. Quantas vezes nos vêm pensamentos ou intuições que nos salvam de uma situação perigosa ou nos ajudam a resolver um problema essencial em nossa vida! Percebemos essas idéias como se alguém no-las tivesse inspirado. E assim é na realidade. Não obstante, como veremos mais tarde, também nós podemos ajudar esses seres. É isso o que se entende por comunhão dos santos. Foi num círculo de meditação e de oração que, no princípio, ocorreram, de maneira espontânea, os nossos contatos com os mortos que necessitavam de ajuda. Da mesma maneira, receberam-se os ensinamentos através da escrita intuitiva de Carmen. Deve ficar claro, e enfatizamos isso, que nunca buscamos a comunicação com os mortos; são eles que se nos apresentam pedindo ajuda quando estão desorientados.

Não pretendemos ser detentoras da verdade absoluta ou dar um caráter definitivo às explicações sobre os diferentes processos da morte. As experiências que relatamos, assim como os ensinamentos que partilhamos, foram objeto de estudo ou recebidos através da mediunidade. Assim como o piche passa pela água e sai molhado, as mensagens passam pelo médium e, portanto, podem ter influência do subconsciente dele. O médium é um canal que faz a intermediação entre duas realidades diferentes. Por ser uma delas desconhecida, pode haver erros de recepção e de interpretação daquilo que se recebe. Contudo, esta obra foi elaborada através de um meticuloso trabalho de discernimento, associado a uma pesquisa profunda de diferentes fontes, que de modo geral coincidem com o material recebido. Mesmo assim, o leitor deverá exercitar a sua faculdade crítica a todo momento e chegar às suas próprias conclusões.

Quando se sai do mundo físico e se chega ao mundo astral, pode surgir um conflito quando a mente está muito apegada à baixa vibração terrena. Em sua forma natural, a alma se sente atraída pela luz; mas suas preocupações sobre o que acaba de deixar, sua rebeldia que a leva a não aceitar sua nova condição, seu sentimento de culpa ou sua soberba de sentir-se espiritualmente superior e não encontrar o que esperava, ou o descrédito daquele que espera o nada, são algumas das razões pelas quais certas almas se vêem paralisadas nesse limbo de que é às vezes difícil sair.

A preparação para a morte equivale à preparação para a vida. Conseguimo-la na medida em que entendamos a nossa verdadeira essência e o propósito da nossa existência.

Nosso problema tem sido o fato de que, ao descer na matéria densa, esquecemos nossa origem divina e nos circunscrevemos voluntariamente à sua limitação. Quando nos esquecemos da nossa verdadeira identidade, a nossa mente enfoca unicamente o plano da matéria física. Nosso pensamento ilimitado se tornou limitado. Para escaparmos dessa densidade que nos mantém presos, temos de recuperar a consciência de unificação, do Uno que todos somos, a fim de voltar a ter a força de criar mundos e realidades mais harmoniosos. Um caminho para consegui-lo passa pela meditação e pelo desapego por este plano em que está aprisionado o nosso coração.

Morrer é menos difícil do que nascer. No primeiro caso, trata-se de liberar-se e, no segundo, de limitar-se; naquele se volta ao lar enquanto neste se vai para a difícil escola da vida. Enquanto não passarmos a ver a morte como parte da vida, como o desenlace feliz de um período de dificuldades, estaremos dificultando essa passagem, que é na verdade uma liberação e não um final definitivo. Viver plenamente a vida é também vivê-la com consciência da morte.

A morte, tão temida por muitos, esperada por outros, mas destino de todos, não é o final da vida, mas a transição entre estados, de uma forma de vida para outra, já que a vida é um dom divino que não tem princípio nem fim: somos eternos, tal como a fonte de energia em que nos originamos e a que damos o nome de Deus. Dele saímos e a Ele haveremos de voltar.

Um

A morte não existe

Não chores se me amas. Se conheceres o dom de Deus e o que é o céu, se puderes ouvir o cântico dos anjos e ver-me no meio deles! Se, por um instante, puderes contemplar como eu a beleza diante da qual as belezas empalidecem! Amaste-me no país das sombras e não te resignas a ver-me no das realidades imutáveis? Crê-me, quando chegar o dia que Deus fixou e tua alma vier a este céu em que te precedeu a minha, voltarás a ver aquele que sempre te ama e encontrarás o seu coração com todas as ternuras purificadas, transfigurado, feliz, não esperando a morte, mas avançando contigo nos caminhos da luz. Enxuga o teu pranto e não chores por mim se me amas.

— Santo Agostinho

Na realidade, nada morre, porque o nosso verdadeiro ser nunca se altera. Nosso corpo é apenas uma roupa que usamos temporariamente para exprimir-nos no plano físico, mas que, quando já é inútil, quando cumpriu o seu compromisso, se desfaz e volta aos elementos da Terra a partir dos quais se formou originalmente. O corpo não passa de um instrumento, e é ilusório, assim como todo o mundo tridimensional. Portanto, como não tem existência real e perene, não pode na realidade nem "viver" nem "morrer". O que tem vida é a consciência, e essa nunca morre. No momento da morte, ela apenas se retira de sua moradia temporária e passa a outro plano muito mais real do que o ilusório mundo físico. Aquilo que tem vida verdadeira sempre a terá. O que está vivo nunca morre. Morrer não é senão renascer para outro plano de consciência ou para uma realidade de outra freqüência vibratória.

Embora nas diferentes religiões seja pregado o conceito da sobrevivência da alma e da identidade do homem como independente do corpo físico, não lhes interessa estudar casos em que parece haver comunicação entre os vivos e os mortos. A isso dão o nome de espiritismo, conferindo-lhe uma conotação negativa.

Ao longo desta obra, relataremos certas experiências que tivemos com almas que estavam desorientadas depois da separação do corpo físico. Algumas dessas comunicações se apresentaram espontaneamente a um grupo de meditadores com quem nos reuníamos toda semana. No curso da meditação e por meio da extraordinária mediunidade de uma das participantes — que é vidente e transmite aquilo que ouve —, esses seres falavam. Por outro lado, mediante a escrita intuitiva de Carmen, era corroborado aquilo que aquela participante presenciava. Simultaneamente, mas sem que uma soubesse o que a outra recebia, estabelecia-se a comunicação. Deve ficar claro que apesar de isso não ser uma tarefa fácil, em decorrência das dúvidas que nos assaltavam quando incursionamos nesses outros planos que tão pouco conhecíamos, aceitamos ajudar as almas que se vêem paralisadas, por diferentes razões, nesse limbo que existe entre o mundo físico e o mundo espiritual.

Nossos mestres e guias, que nos orientam, são os facilitadores do encontro com aqueles que necessitam disso, tanto com os desencarnados como com os familiares, a quem se dá ajuda e consolo. O mesmo ocorreu com pessoas próximas da morte, das quais nos aproximamos a fim de ajudá-las a dar esse passo. Todos esses encontros poderiam parecer casuais, mas é evidente para nós que a casualidade não existe. As circunstâncias propícias a esse trabalho se manifestam em resposta ao nosso desejo de ajudar.

O que fazemos em conjunto com o plano espiritual é prestar-nos ao papel de instrumento com o fito de auxiliar aqueles que se acham no atoleiro do Baixo Astral, visto que o fato de eles estarem mais próximos da nossa vibração terrestre faz que a ajuda chegue até eles com mais facilidade. A enorme distinção que há aí com relação à prática espírita reside no fato de esta buscar o contato com os desencarnados para continuar a tratar das preocupações do plano terreno, e não para ajudá-los a se elevar aos seus respectivos planos espirituais, fazendo assim que o ser desencarnado se veja diante do dilema de continuar ocupado com aquilo que acaba de deixar e continuar a vibrar nessa freqüência ou elevar-se à freqüência correspondente ao seu novo estado. A prática espírita é além disso perigosa, uma vez que as almas invocadas que já não se encontram no Baixo Astral são suplantadas por seres de vibração muito baixa que se divertem em fazer crer que são as pessoas invocadas, provocando apenas confusão e obsessão nos parentes, levando-os por vezes a situações extremamente negativas. Por esse motivo, nunca buscamos o contato com uma alma determinada, limitando-nos a aceitar a comunicação com aquelas que se apresentavam a nós a fim de pedir ajuda.

Alguns dos exemplos que relatamos a seguir ilustram as diferentes razões por que as almas não avançam para a luz, permanecendo estanques no Baixo Astral. Muitas civilizações falam da passagem do rio, por um túnel, ou usam qualquer outra analogia que signifique a passagem de um lugar a outro, de uma realidade a outra completamente distinta. Tudo obedece à freqüência vibratória do pensamento, e passar para o outro lado do rio ou do túnel significa a mudança de vibração necessária para chegar ao mundo espiritual. Aqueles que não passam para o outro lado não o conseguem simplesmente porque a sua atenção está posta na realidade do mundo terreno que acabam de deixar, e essas pessoas não vêem a luz do mundo espiritual — que sempre está presente —, que as espera para recebê-las. Seja porque não se dão conta de que morreram, por temerem o castigo de que lhes falaram em sua vida no plano físico, por acreditarem que vão deparar com o nada ou simplesmente porque estão sumamente apegadas às suas posses e seus afetos — tudo isso e outras razões adicionais as impedem de ver a luz.

Nos testemunhos a seguir, podem-se apreciar as diversas razões pelas quais as almas estão desorientadas. O castigo não existe. Existem apenas o efeito dos nossos pensamentos e, como poderemos ver, a infinita misericórdia de Deus, que acolhe cada um de seus filhos com o Seu amor incomensurável.

Todos os casos aqui relatados são verídicos. Só se alteraram os nomes e detalhes passíveis de levar à sua identificação.

Já não tenho corpo, porém estou vivo

A irmã Lucía é uma velha conhecida. Ela assistiu ao nosso curso de meditação como parte de sua busca espiritual. Trata-se de uma mulher generosa, dedicada ao trabalho social numa colônia operária. No dia em que ligou para mim, sua voz demonstrava preocupação. Pediu para me ver a fim de fazer uma consulta sobre um problema.

— Não sou eu, Jocelyn. Há uma menina, Paula, uma jovem muito angustiada, que está me pedindo ajuda. Sente, não, não sente apenas, vê uma presença em sua casa, um homem que a persegue, a agride, por vezes parece querer violá-la. Ela não entende, acha que pode ser culpa dela, que se trata de um castigo por algo errado que tenha feito. Ninguém de sua família acredita nela. Dizem-lhe que está louca, e a pobre menina já não sabe se o que vê acontece ou se de fato está perdendo a razão. Não tenho como ajudá-la, Jocelyn. Creio que vocês... Por favor, venham vê-la comigo.

Comentei o assunto com Carmen e decidimos acompanhar a irmã Lucía à casa de Paula para ver se podíamos fazer algo por ela.

O caminho serpenteava por uma colina cheia de árvores. Abaixo se via a cidade em sua nuvem de poluição. Estreitos caminhos de terra se perdiam de cada lado. Pequenas casas humildes bordejavam a rua pela qual chegamos.

— É aqui — disse a irmã, indicando uma viela. Ao final, uma porta azul descolorida.

Chegamos a um pátio de terra. Lençóis e peças de roupa enchiam os arames estendidos de parede a parede. Uma menina muito jovem veio nos receber. O cabelo preto e cheio tapava-lhe parte do rosto. De cabeça baixa, convidou-nos a entrar.

Um cômodo pobremente mobiliado: poltronas, uma mesa; o choro de uma criança pequena podia ser ouvido partindo do que parecia ser o único quarto da casa. Paula relatou a sua experiência em voz baixa, interrompendo-se muitas vezes, numa mistura de temor e desconfiança. Desde que se mudara com a família para aquela casa passou a ter o que chamava de visões: um homem jovem, moreno e forte, a atacava. Ela sentia uma agressividade inexplicável que a deixava tomada de pânico. Havia ocasiões em que temia que a aparição chegasse a violá-la, tal era o ódio que dela se desprendia.

— Você o vê na escola, na rua, em algum lugar fora de casa?
— Nunca. É sempre aqui.

Ela nos ajudou a colocar velas acesas sobre a mesa. A luz fez brilhar as flores roxas da toalha de plástico. As varetas de incenso liberaram uma fumaça tênue, que flutuou entre nós.

Pedimos à irmã Lucía que orasse, que se concentrasse na palavra "amor" e em enviar luz rosada ao ser que tínhamos ido ajudar. Aconselhamos Paula a se unir às intenções da irmã Lucía. Pálida, ela se sentou bem perto da freira e fechou os olhos. Concentramo-nos com o objetivo de alcançar um estado de meditação. Aos poucos, a caneta que Carmen mantinha sobre o papel começou a se mover. Iniciou-se a transmissão telepática, confirmando a presença do ser desencarnado que Paula podia sentir.

— *Estou na minha casa, mas há outras pessoas que a ocupam e isso me enfurece. Não sei o que aconteceu comigo. Briguei com uns rapazes e quando acordei, percebi que alguma coisa tinha mudado. Desde então, ninguém me escuta e me desespero. Só esta menina Paula que está aqui pode me ver, mas eu a assusto.*

— Acontece que você está morto para este plano. Você já não deve ficar aqui — respondemos. — Agora você deve deixar este lugar e dirigir-se para a luz, onde uma vida plena de amor e de paz o aguarda. Estamos enviando uma energia amorosa que vai ajudar você a compreender.

— *Vejo luz ao redor de vocês no meio de uma horrível escuridão. Mas como devo sentir amor se nunca o senti por ninguém? No entanto, ouvir vocês me traz bem-estar.*

— Esse bem-estar que você sente é pouco em comparação com o que o espera se você quiser sair de sua reclusão e tentar seguir na direção de Deus. A única coisa que você tem a fazer é pedir isso.

— *Não entendo o que vocês me dizem nem acredito que haja um Deus.*

— Como vê, você já não tem corpo nem pode se manifestar neste plano. Portanto, sua vida deve continuar em outro lugar. A morte não existe, é apenas uma passagem para a verdadeira vida em nosso caminho de evolução. Está à sua espera uma existência maravilhosa, bastando que você aceite ir ao seu encontro.

— *Sim, acredito que já não tenho corpo, porém estou vivo. Vocês realmente têm razão em dizer que a morte não existe, ao contrário do que eu acreditava. A morte é uma coisa horrível, mas a existência não acaba.*

— Como é seu nome? — perguntamos.

— *Rodolfo. Não sei o que está acontecendo comigo.*

— Você se sente confuso porque continua a querer estar aqui e seu novo estado não lhe permite. Sua confusão se deve ao fato de você não aceitar a sua nova realidade. É isso o que o mantém na escuridão. A luz está aí e se você a pedir vai começar a sentir um grande bem-estar, seres de luz se aproximarão e o levarão ao lugar que lhe cabe: a uma vida plena de amor e de paz, em que tudo é harmonia.

— *Vejo a luz, a de vocês, mas nenhuma outra. Você me diz para pedir a luz. Mas a quem? Você me diz coisas muito bonitas e quero acreditar nelas.*

Concentramo-nos em enviar-lhe luz rezando e mandando-lhe energia amorosa.

— Peça a Deus que o ajude a sair de sua confusão e implore para que a luz se faça. Deus tem misericórdia e amor infinitos e só espera que você se torne receptivo a Ele.

— *Vêem-se momentaneamente vislumbres de uma luz que não sei de onde vem. Suas palavras me transmitem muita paz. Vejo cada vez mais luz e acho que já estou acreditando em vocês. Quando me movo em sua direção, ela fica cada vez mais clara.*

— Deixe-se levar por ela — dissemos enquanto orávamos e continuávamos a enviar-lhe energia amorosa para ajudá-lo a desprender-se.

— *Sim, sim, e é maravilhoso... Continuem a me ajudar que acho que estou me desprendendo desta cola que me imobiliza... Como é que eu não a tinha visto antes? Sinto-me mais leve, liberto de um peso, e creio que vejo seres vindos da luz que me chamam... Na verdade, digo-lhes que sinto a glória... Obrigado, sejam vocês quem forem, e peço perdão a Paula. Já não a incomodarei... Vou para o céu.*

O fato de Paula tê-lo visto e os outros não deve-se à sua sensibilidade psíquica. Depois ficamos sabendo que o jovem que morara na casa antes fora morto numa briga perto dali; soubemos ainda que, a partir daquela sessão, ele deixou de manifestar-se a Paula e a calma voltou. Exemplos como esse demonstram que às vezes as pessoas não se dão conta de que seu corpo morreu e crêem estar vivas neste plano. Outras vezes, como não têm valores além dos materiais, ficam presas a eles, como veremos no caso a seguir.

Eu achava que a morte era aniquilação total

O estúdio está sempre banhado de luz, não apenas a proveniente das enormes janelas mas também dos painéis de Isabel: montanhas, lagos, sóis escandinavos de fria luminosidade se deixam adivinhar nas formas de geometria sutil e falam de um universo claro e fantasioso. Mas nem sempre foi assim...

Desde que Camila morreu, deixando-a só no estúdio que durante tanto tempo haviam dividido, Isabel sentia algo. Uma presença, talvez, uma mudança na atmosfera daquele espaço antes familiar. A obra de Isabel se ressentia dessa diferença que só ela parecia detectar. Ela se viu numa época de grande produtividade, mas sua temática foi inconscientemente alterada. Os quadros surgiam com espantosa facilidade. Contudo, a partir da morte de Camila, paisagens que ela nunca vira, mas que lhe vinham à mente com a claridade do sol iluminando as pradarias, agora se transformavam em mensagens negativas. Muitas vezes, surpresa com suas próprias criações, procurava em livros e descobria cenas semelhantes às que pintava: rituais e símbolos de tom sinistro, alguma coisa vinculada com um ambiente de bruxaria. De que mundo obscuro provinham esses sinais que ela não podia reconhecer em sua própria imaginação e que surgiam como que por vontade própria em seus quadros? Ela ligou para nós preocupada. Algo ou alguém que ela não podia identificar irrompia constantemente para ditar-lhe visões misteriosas. Cética, ilustrada, ela se recusava a considerar qualquer evento paranormal. Sua vida era regida pela razão, não cabendo nela essa sensação de estranheza que lhe fugia ao controle. Pensou em nós, apesar de tudo, porque seus dias começavam a tingir-se de uma inexplicável angústia, de um incômodo que interrompia o seu trabalho e a fazia temer aquilo que antes fora a sua maior satisfação.

Encontramo-la em seu estúdio. A atmosfera, sem ser fisicamente obscura, provocara uma sensação de pesar e de frio. Iniciamos o ritual de costume: cantos gregorianos, vasos cheios de flores brancas espalhados entre os pincéis e os tubos de tinta. Seu aroma se misturava com o acre odor de óleo e de solventes que impregnava o lugar. Carmen levara algumas velas finas e compridas que acendemos junto com as varetas de incenso.

Sentamo-nos as três ao redor da mesa. Receptiva, a caneta de Carmen começou a escrever:

— *Dizem-me que eu já não pertenço a este lugar. Que outro pode haver? Não morri, como acreditava, mas continuo viva porém sem poder eu mesma fazer as coisas. Isabel as faz por mim e muito bem. O poder que tenho sobre ela é para mim muito interessante.*

— Você deve continuar o seu processo de evolução noutro plano mais elevado que este. Você continua apegada ao trabalho e por isso não acredita que exista outro lugar, já que nesse você influencia mentalmente a sua amiga para que dê forma às suas idéias nas obras dela e isso a deixa fascinada. Mas, como percebeu, você não pode fazer as coisas por si mesma e isso deve indicar que você tem de aceitar a sua nova realidade para poder começar a ver o mundo maravilhoso que a espera: uma nova vida cheia de amor e harmonia. Você só tem de desejar sair do estado em que se encontra e pedir para ver a luz a fim de que ela se faça — dissemos a ela.

— *Como posso saber que isso existe? Você me diz coisas que nunca ouvi e em que não creio. Dizer que só preciso pedir a luz é muito fácil, é como se fosse bruxaria, e eu não acredito nisso. Como é que, se não vejo a luz, vejo no entanto certa luminosidade quando vocês me falam e quando pronunciam a palavra "amor"?*

— Estamos enviando-lhe pensamentos de amor. Por isso você enxerga uma luz ao nosso redor. Tudo é energia, e o que você percebe é a energia dos nossos pensamentos. Quanto mais plenos de amor eles estiverem, mais luz você vai ver. A morte não existe: trata-se, antes, da porta para a verdadeira vida, onde continuamos a nossa ascensão. Todos os seres humanos se encontram num processo de crescimento espiritual, e esse crescimento é alcançado por meio do desapego e da aceitação das nossas circunstâncias. Para poder perceber a luz, o amor e a paz que a esperam, você deve reconhecer humildemente que não lhe cabe estar aqui e abrir a sua mente a novas realidades. Você só tem de desejar ver a luz.

— *Vocês me dizem coisas em que nunca acreditei e agora começo a cogitar.*

— *Eu antes achava que a morte era a aniquilação total, e agora vejo que não é verdade. Sinto de fato o que parece bem-estar quando me falam, mas quero continuar a criar beleza e arte, e se vou para outro lugar, já não poderei fazê-lo.* (Nesse momento, o gato que estava no estúdio deu um longo miado.) *Vejam, este ser que acaba de chorar me acompanha em minha solidão e me vê, é o único que me vê.*

— Terá muito mais beleza o que você criará se você se deixar levar ao lugar a que pertence. Você tem de confiar no que aconteceu e entregar-se à vontade divina. Isso de que você fala, criar, não é nada em comparação com o que você criará em outros planos maravilhosos.

— *É difícil para mim acreditar que já não pertenço a este lugar. Mas vou refletir e em outra ocasião falaremos.*

Concentramo-nos em enviar-lhe energia amorosa e lhe dissemos que, se ela se dirigisse para a luz, essa agradável sensação seria ampliada.

— *Vocês me dão algo que não sei o que é. Isso me traz uma sensação muito agradável, é verdade, mas é difícil aceitar que se me for daqui, esse será o meu sentimento. De qualquer modo, obrigada pelas boas intenções. Até mais.*

Uma semana depois, voltamos a conversar com Camila.

— *Boa tarde, queridas amigas. Estive refletindo sobre o que vocês dizem e não estou convencida. É certo que no plano em que me encontro não sou completamente feliz, mas por acaso eu o fui durante a minha permanência na Terra?*

— A felicidade não é um lugar específico, mas um estado de consciência. Você não foi feliz na Terra e tampouco o é agora porque continua apegada ao seu ego. É o seu ego que pensa que a sua felicidade depende de algo externo a você.

— *Vocês me dizem que este lugar e a Terra não são a felicidade. Então, onde está ela?*

— Você não pode descobrir a felicidade porque continua apegada ao que deixou neste plano. A felicidade está em aceitar a vida como ela é, em agir por amor e não por egoísmo.

— *Estou separada de tudo aquilo de que gosto e que amo. Como você quer que eu não esteja infeliz?*

— Aquilo que você ama foi o que você precisou viver em seu momento. Agora cabe a você viver uma nova etapa em que isso já não lhe serve. Você tem de mudar a maneira de pensar. Abandone momentaneamente esses pensamentos e deseje ver a luz. Você não está vendo a que estamos enviando?

— *Sim, eu a vejo, pois é a única, e quando vocês falam há uma espécie de clarão.*

— É a luz do Criador que está em tudo o que existe. Dele saímos e a Ele temos de voltar. Deixe-se levar até essa luz que é amor, paz, harmonia, beleza.

— *Vocês me dizem que há um Criador, mas eu não o vejo nem creio que exista. Crer num Ser Supremo é bobagem.*

— O que existe não pode ter saído do nada. Veja a maravilha que é a estrutura do corpo humano: foi necessária inteligência superior que a concebesse para funcionar como funciona.

— *Vocês poderiam me convencer se eu visse o que é a construção do corpo humano. É na verdade maravilhosa, mas tem um grande defeito: não dura para sempre.*

Explicamos para ela que o corpo é somente o instrumento que empregamos para trabalhar neste plano, e que naquele momento a esperavam novas experiências muito mais interessantes em que a sua criatividade aumentaria em graus inimagináveis.

— *Vocês me dão esperanças de algo em que não posso crer, mas se me pedem que solicite a luz, eu o farei.*

— Peça-a, peça a Deus que a ajude.

— *Tenho vontade de acreditar no que dizem. Onde estou há muita escuridão e não vejo luz. Necessito ver a luz; dêem-me forças para deixar o meu orgulho de lado.*

Continuamos a dizer-lhe que buscasse a luz enquanto enviávamos mentalmente luz a ela. Elevamos também orações, já que a prece é uma energia que ajuda essas pobres almas apegadas ao que já não lhes cabe a se elevar e a se desapegar deste plano.

— *Sinto algo quando vocês falam. Dêem-me forças. Já começo a ver essa luz a que vocês se referem. Quando a vejo, sinto calor e bem-estar... Ela é dada a quem a pede do fundo do coração... Dirijo-me a ela e me sinto mais leve. Vocês me dão forças para que eu me eleve... Obrigada, já vejo seres que me estendem a mão e ao caminhar na direção deles, sinto bem-estar... Adeus, querida Isabel, não vale a pena continuar aqui. Creio que nossas amigas têm razão. Se rezam, ajudam-me. Já entendi o processo. Adeus, e continuem a ajudar-me.*

Para compreender o processo da morte, temos primeiro de procurar entender o significado da vida, o que somos, de onde viemos, para onde nos dirigimos e qual o objetivo da nossa existência neste plano.

A Fonte de Vida a que damos o nome de Deus, Criador, Consciência Universal é que gera a energia que plasma o universo conhecido e os universos desconhecidos. Essa energia vibra em diferentes ritmos ou freqüências e de diferentes maneiras, formando assim as diversas manifestações de matéria e de planos de consciência.

Tudo é energia: a matéria é energia; o pensamento, as emoções e o amor são igualmente formas de energia vibratória.

A criação atua de forma piramidal: na cúspide está a Consciência Universal em que tudo se origina. Ao querer manifestar-se, conforme vai diminuindo a freqüência vibratória, sua essência se materializa mais densamente. Tudo aquilo que sai do Criador a ele regressa: primeiro se afasta da fonte original num processo que denominamos involução, e depois regressa mediante o processo de evolução. Se bem que, na realidade, nada nunca se afasta: estamos sempre Nele, sustentados por Sua divina vontade. A separação se refere ao estado de consciência: ao baixar à densidade do mundo físico, vamos perdendo consciência da nossa essência e origem. Regressar a Ele significa voltar a abrir a consciência à divindade que se acha no núcleo de cada ser humano.

O Criador conferiu individualidade e liberdade de ação às partículas de sua consciência, que são a essência de cada ser humano, para criarem mundos e realidades onde se exprimam. Somos o meio do qual Ele mesmo se manifesta. Ele nos deu a liberdade de experimentar a vida como cada qual decidir, entendendo-se por vida o duplo processo de involução e de evolução, a partir do momento da nossa individualização até o da fusão com o Todo. Nossas experiências são Suas, já que, como está em tudo o que existe, Ele percebe, sendo Sua vontade que assim seja tudo o que acontece mesmo à mais ínfima de suas criaturas. Daí a frase: "Não se move a folha da árvore sem a vontade de Deus."

Somos a manifestação material da Consciência Pura, que é mente, e da qual emana o pensamento que antecede toda a criação. Sua vontade é exprimir-se em movimento, o que origina a criação. Somos os instrumentos de sua inteligência criadora, que se exprime através das miríades de inteligências individualizadas. As nossas experiências, assim como as dos anjos e de toda criatura de qualquer nível da escala vibratória, O nutrem, e Ele se move e se expande por meio dos diferentes atos criadores de suas criaturas. Embora Ele lhes dê a liberdade de agir de acordo com a compreensão de cada um, Sua vontade sustenta todas as vontades; e, através de Suas leis, tudo regressa à harmonia, isto é, a Ele.

Não se pode compreender o infinito com um instrumento finito como o é a nossa mente atual. Desvelar os mistérios da criação ainda não está ao nosso alcance. Mas enquanto a nossa consciência se for abrindo e enquanto a sua atenção se elevar a outros planos, vão-se entendendo melhor as verdades cósmicas.

Transcrevemos a seguir a mensagem de uma alma que já está no mundo espiritual:

A verdade está dentro de cada um, e mesmo neste plano, enquanto não se chegar à consciência cósmica, não se terá a verdade em sua totalidade. É certo que, quando se desencarna, se vêem os conceitos com maior clareza, pois não se está imerso na densidade do corpo físico, mas não se alcança a sabedoria do Criador até vencer as etapas que levam a Ele.

É comum que se creia que só existe um caminho para chegar a Deus, sendo este aquele pelo qual cada um optou como sendo bom. Todos acreditam deter a verdade absoluta e que os outros estão errados. Contudo, no estado de consciência da humanidade atual, está-se a mil anos-luz da compreensão, do domínio e da recepção da verdade divina em toda a sua magnitude. São unicamente vislumbres o que se pode alcançar, e é por isso que cada um tem um conceito distinto dela. Não que uns estejam errados e outros certos, é que algo daquilo que crêem corresponde a um aspecto da verdade interpretado por cada um de acordo com o alcance de sua consciência, que se encontra em estado mais ou menos elemental.

Como poderia o Criador escolher entre seus filhos se nos ama a todos de igual maneira? Como poderia revelar-se apenas a alguns poucos dentre os milhões de seres humanos que habitam e habitaram o planeta? Todos temos dentro do nosso ser essa centelha de sua consciência em que se guarda a verdade absoluta. O trabalho a realizar é fazer que esta se manifeste, mas, se em lugar de erradicar o ego soberbo que pensa ser possuidor da verdade, o enaltecermos com fanatismo, estaremos recobrindo cada vez mais essa luz interior que só vai emergir através da humildade e do amor. No dia em que compreendermos que em vez de possuir a verdade, estamos em busca dela, teremos dado um grande passo no processo de encontrá-la.

Há muitos caminhos para ir ao encontro do Criador. Todos levam a Ele, mesmo os que estão equivocados, já que do erro também se aprende; mas a única coisa que podemos saber é que o caminho reto se conhece através do amor e da humildade. Como se pode caminhar então no caminho correto? Agindo com amor e sendo humildes, isto é, compreendendo que somos a manifestação do Altíssimo, tal como o é o resto da criação; não existe superioridade de nenhuma espécie entre suas criaturas, mas apenas diferentes níveis de evolução e de propósito; e aquilo que somos devemos a Ele em seu objetivo de criação.

Há uma multiplicidade de conceitos que escapam à nossa compreensão. Todavia, se nos abandonarmos à sua vontade, se vivermos a vida com fé e humildade, o nosso entendimento se tornará cada vez mais claro. Eis o eterno problema do ser humano: a soberba de crer que sempre tem razão, além do desejo de manipular os outros impondo o próprio critério, é responsável pelos sectarismos e pelas divisões. Não obstante, já está sendo formada a nova consciência da humanidade, na qual desaparecerão as facções e se chegará à religião universal baseada no amor.

Criação e mundo ilusório

Nosso verdadeiro ser é consciência, que se origina nessa força primária que é a Consciência Universal. Quando ela obtém liberdade para se manifestar, começa a criar, primeiro as diferentes realidades e, em seguida, cada um dos corpos que lhe servirão para exprimir-se nessas realidades. O plano físico, o universo material, é o último a ser criado. As consciências individualizadas que somos, os seres humanos, e não só as deste planeta, como as da multiplicidade de outros, se organizaram para criar todo este plano físico em que se exprimiriam. Fala-se do mundo ilusório da terceira dimensão por não ser ele eterno, mas transitório. Ele é movimento, mas não tem existência perene, como de fato a tem a nossa essência. É verdade que Deus criou o mundo e o universo, dado que se serviu de todas essas consciências que Dele emanam para formá-los. Cada uma delas é a expressão de sua vontade criadora que sempre estará conectada com seu Criador.

Assim, pois, a criação consiste em deixar que essas partículas de consciência, que Lhe pertencem, se manifestem com vontade própria. Contudo, quando decidem experimentar a vida do plano físico, elas se esquecem de sua verdadeira origem e essência divina e começam a agir não já em comunhão umas com as outras, mas de forma desarmônica, separatista, o que promove a destruição, em lugar da construção, de mundos harmoniosos.

Não é possível, contudo, criar o que quer que seja que se oponha à força de equilíbrio, que é a lei que rege o cosmos. Este surgiu do Altíssimo, que é paz, amor e harmonia. Não se pode criar nada que contrarie essa força. Portanto, toda a desarmonia criada pelos seres humanos não passa de ilusão: é, sem dúvida, movimento, faltando-lhe entretanto existência real e eterna. O Criador é equilíbrio, é magnificência, é amor e união. Sua criação não pode ter outra natureza.

Algumas das consciências individualizadas crêem poder agir contra a sua própria natureza, o que no entanto é impossível: a sua essência é tão perfeita quanto a fonte de onde emanaram. Suas manifestações não-harmoniosas não são senão ilusões. Daí que se diga que o mundo material é ilusório. Isso não significa que nesta dimensão não vivamos a violência e todo tipo de transgressões ao amor; significa de fato que esses comportamentos são provocados pela falta de consciência de quem age assim. Aí está a ilusão, já que, no processo evolutivo dos seres humanos, todos chegaremos a agir em congruência com aquilo que na realidade somos, isto é, amor. As leis universais se encarregam de restabelecer o equilíbrio.

Enquanto se mantém a atenção posta nesta dimensão, a mais densa de todas, perde-se a consciência dos outros corpos e dimensões correspondentes. Por isso, o trabalho a realizar consiste em despertar para o nosso verdadeiro ser. A ação equivocada ou ilusória de nosso veículo físico contamina os diferentes corpos que nos formam; mas quando se acaba o interesse por esta ilusão, vamos progressivamente despertando para essas outras realidades onde haveremos de nos exprimir para, por fim, nos fundir na luz inefável do nosso Criador.

Fica sempre a inquietação de saber qual foi o propósito da criação deste mundo que abriga a dor, a maldade e a morte ao lado do prazer, do amor e da vida. Não compreendemos qual é o plano do nosso Criador quando vemos tanta miséria, tanto egoísmo, tanta dureza de coração. Há contudo, por trás de cada uma dessas atitudes, Sua vontade. Não quer isso dizer que seja Ele quem cria essas circunstâncias, mas que Ele as admite ao dar às suas criaturas a livre decisão de agir. São elas que, ao agir contra a harmonia universal, provocam as reações desarmoniosas que causam a dor, a morte, a doença. Somos nós que quisemos exprimir-nos no plano físico experimentando a nossa criatividade. Ao fazê-lo, enredamo-nos em sua densidade, apegamo-nos a ela.

Quando começou a experimentar e a criar no plano material, o homem se esqueceu de sua própria divindade porque se deixou envolver por tudo o que este plano lhe oferecia. Seu pensamento passou a ter como único foco este plano e, assim, de ilimitado que era, passou a ter pensamentos limitados de sobrevivência, de posse e de inveja. Ao perder o conceito de união com o Todo, o ser humano se sentiu só e vulnerável: o medo invadiu a sua consciência e dominou o seu processo de pensamento. E como é um fato que o efeito de todo pensamento que ele aceite se manifeste no corpo físico, surgiram a doença e a morte.

Isso nos evoca a pergunta sobre a razão por que o Criador permitiu esse processo, e ainda que os mestres nos digam que não podem dar uma resposta definitiva até que se chegue a Ele, intui-se que se trata de um ato de amor. O Altíssimo tem tudo o que se possa imaginar: Nele não há carência de nenhuma espécie. Portanto, Ele é bondade absoluta e seu desejo é dar. Quando nos afastamos em termos de consciência, embora não na realidade, esvaziamo-nos desse amor ao nos crermos separados Dele e do resto da criação. Enquanto nos encontrávamos cativos em Sua essência, não tínhamos a percepção do que é o Seu amor, posto que estávamos imersos Nele. Todavia, quando nos afastamos e regressamos ao Criador, percebemos Sua grandeza e magnificência, gozando-as de maneira infinita. Talvez este tenha sido um dos objetivos da criação: que nos afastemos do Todo para nos esvaziar de amor e reencontrá-Lo. Esse processo nos faz descobrir sua magnificência por meio da multiplicidade de experiências que, embora às vezes possam parecer negativas, têm sempre como resultado o prazer infinito de descobri-Lo.

Ao decidir empreender a aventura do mundo físico, criamos todas as circunstâncias que se vivem durante uma experiência na matéria. Essas circunstâncias têm como propósito manifestar o nosso ser real e permanente. Que sentido tem então criar todo esse ambiente se o fim é reencontrarmos aquilo que já somos? Quando agimos assim, voltamos à origem, mas no processo conseguimos ter consciência daquilo que somos. Quer dizer: antes de nos dar a existência individual, Sua mente nos mantinha em si com a potencialidade de entidades com vontade própria e discernimento; em contrapartida, dando-nos Ele a individualidade e a liberdade de ação, tornamo-nos instrumentos de sua criação.

Toda matéria física precisa de uma substância espiritual que a anime para existir. Denomina-se essa substância espiritual alma grupal no princípio do processo evolutivo, visto que anima um grande número de minerais, vegetais ou animais. Quanto mais elevada a forma de vida, quanto mais consciência tem ela de si, tanto mais individualizada fica a alma, isto é, tanto menos sujeitos ela passa a animar.

A alma grupal, que anima os minerais, os vegetais e os animais, vai paulatinamente individualizando-se, e sua consciência vai crescendo até alcançar o grau de consciência humana de terceira dimensão. O que corresponde à consciência de primeira dimensão é a alma grupal dos minerais e vegetais. A de segunda dimensão é a dos animais. Não obstante, alguns deles, como os cães, os gatos, os símios, os cavalos etc. já possuem indícios de consciência tridimensional ao ter almas quase individualizadas. Daí o seu apego ao ser humano, porque vão sentindo que se aproximam animicamente dele, ao contrário dos animais selvagens, indomáveis, que ainda precisam percorrer uma etapa para aproximar-se do homem, permanecendo enquanto isso não acontece animicamente agrupados.

Diferentes níveis de consciência ou dimensões

A realidade do mundo físico, aquela que conhecemos através dos nossos cinco sentidos, não é a única. Tudo no universo é formado por energia, que vibra de diferentes maneiras e em diferentes freqüências, disso resultando diversos níveis de existência tão reais quanto este. "Há muitas moradas na casa do meu Pai", disse Jesus, referindo-se aos diferentes níveis de consciência ou dimensões que vão do mundo físico ao Criador. Os chamados mortos apenas mudam de realidade: não vão a lugar nenhum, trata-se de mundos interpenetrantes como os diferentes corpos do ser humano, em que cada corpo vive e age numa dimensão diferente.

Quando nos referimos aos diferentes níveis de consciência ou dimensões, entende-se que se trata de etapas a serem transpostas. Em cada uma delas avança-se ou se cresce nas qualidades divinas latentes no nosso ser. Não se devem entender as diferentes dimensões como lugares mas como estados de consciência, como planos vibratórios que se vão alcançando à medida que se aumenta a freqüência de vibração. Afirma-se que são sete as dimensões, mas cada uma contém incontáveis níveis e graus com freqüências vibratórias. Sua enumeração é meramente ilustrativa.

Durante a passagem pela terceira dimensão, esquece-se o ser humano do verdadeiro objetivo da vida: manifestar a energia divina, que é a sua essência. Sentindo-se separado do resto da criação, ele tem medo, e o combate por meio da busca de reconhecimento, de controle sobre os outros, de aceitação, de posse, atitudes que, todas elas, constituem o ego. O homem se apega em demasia a todos os falsos prazeres que lhe oferece o mundo físico, o que provoca sua constante volta a ele. Para transcender esta dimensão, necessitará ele passar por múltiplas e variadas experiências que o ajudem a desidentificar-se do seu ego e a reencontrar o sentido de unidade.

Uma vez que passemos à etapa em que já não necessitamos reencarnar em forma humana, quando já tivermos vivido toda a gama de experiências que nos levem a erradicar o ego, continuaremos a nossa aprendizagem, mas agora sem a necessidade de nos materializarmos. Passa-se então à quarta dimensão, cujo veículo será de vibração mais elevada e não estará sujeito à morte nem limitado pelo espaço-tempo. É isso o que se entende por ressurreição. Depois de aprender a agir com verdadeiro amor e chegar ao conceito de unidade com toda a criação, o ser se abre à consciência da quinta dimensão, na qual se obtêm a sabedoria ou o conhecimento das leis cósmicas, bem como a compreensão do plano da criação.

Chega-se a seguir à consciência de sexta dimensão, em que se alcança com maior plenitude o dom da criatividade, em total harmonia com a ordem cósmica. A meta dessa dimensão é um movimento para o entendimento e a união com o Todo, a aceitação absoluta do fato de que nunca estivemos separados.

A sétima dimensão foi descrita como a fusão no Todo, sendo impossível de descrever. Daremos a ela o nome de Deus.

Nesse processo, o essencial é expandir a consciência, abrir-se à própria luz, despertar para aquilo que de fato somos.

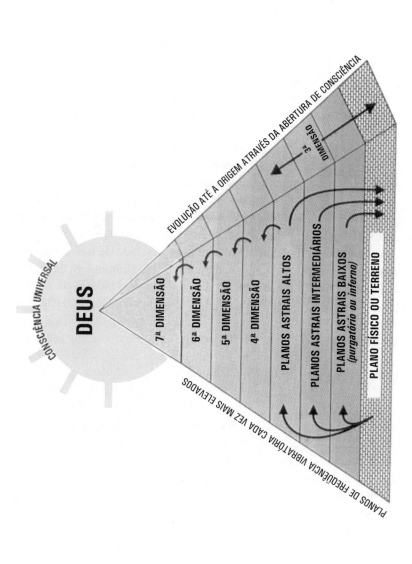

Os sete corpos

O ser humano é constituído por vários corpos, cada qual com a sua própria substância em termos de freqüência vibratória. Esses corpos interagem e se interpenetram, sendo o físico o único que podemos perceber com os nossos cinco sentidos. São eles diferentes aspectos do ser, sendo considerados estados de consciência ou invólucros energéticos.

Tudo obedece ao pensamento. Os diferentes corpos que constituem o ser humano são emanações do espírito ou consciência em sua ação pensante. Cada um pertence a uma dimensão diferente, na qual atua, donde se conclui que somos seres multidimensionais, ainda que agora só tenhamos consciência do plano físico.

O espírito ou consciência pura se desdobra, ao tornar-se denso, em vários corpos: a tríade superior se compõe do corpo espiritual ou centelha divina, do corpo causal, em que se gravam as experiências recebidas durante todo o processo de manifestação e evolução, e do corpo mental superior, que é aquele que processa os pensamentos advindos do espírito. E os quatro corpos inferiores são: o mental inferior, que recebe os pensamentos egocêntricos; o corpo emocional ou astral, em que se geram as emoções necessárias para viver no mundo tridimensional; o duplo etérico, que reúne a energia universal que dará vitalidade ao último corpo, o físico. Isso nos dá no total sete corpos, cada um correspondente a uma dimensão distinta.

Nossos diversos corpos são na realidade invólucros energéticos de vária freqüência vibratória. O corpo físico é o mais denso e age basicamente com eletricidade. Compõe-se de matéria física, que é energia vibrando numa freqüência muito baixa, estando impregnado por sua contraparte etérea ou pelo duplo etérico que é o elemento indispensável para que os seus átomos entrem em coesão. Esse duplo está presente em qualquer objeto formado de matéria física. Como seu nome o indica, trata-se de matéria etérica constituída de energia universal cuja função é absorver essa energia para vitalizar cada átomo do corpo humano, o que explica ser ele a réplica perfeita do corpo humano. O duplo etérico, também chamado de corpo bioplasmático, desprende-se do corpo físico na hora da morte e, passado algum tempo, de acordo com o caso, também se desintegra. Esses dois corpos, que na realidade são um, constituem a parte mortal do ser humano.

O corpo emocional ou astral é o que segue o corpo etérico em densidade. Nele estão depositadas todas as emoções, desejos, paixões e sensações. É ele o molde energético que dá lugar ao corpo físico. Vive e age nos níveis do astral e tem a mesma forma do corpo físico porém de matéria mais sutil. Nesse corpo são geradas as doenças para depois se manifestar no corpo físico. A vida do corpo emocional dura enquanto perdura a passagem pela terceira dimensão. Ele é formado por ondas mentais e se contrai quando precisa tomar outra forma, entrando no corpo da futura mãe, que ao recebê-lo vai-lhe dando forma com os novos genes, como resultado das condições que o Eu superior decide assumir em sua nova experiência no mundo físico.

Esse corpo, no qual residem as emoções, vai tendo a sua vibração elevada conforme vai reagindo menos a elas, dissolvendo-se quando se desfaz o ego separatista, isto é, quando acaba a experiência da terceira dimensão. Podemos afirmar que o corpo astral é aquele que nos serve para ir e vir ao mundo físico e que, uma vez transcendida essa necessidade, desaparece.

O corpo mental, em seus dois aspectos, segue o corpo astral em sutileza e é igualmente composto de ondas mentais. Ele serve para processar os pensamentos, tanto os provocados por nossos corpos inferiores — corpo mental inferior — como os que provêm do Eu superior ou Espírito — corpo mental superior. Mas enquanto a nossa atenção focalizar unicamente os pensamentos inferiores, não poderemos ter acesso aos que provêm dos corpos superiores. É esse corpo que produz a união entre os dois tipos de pensamento. Nele se originam os pensamentos, as crenças e os conhecimentos, e nele se armazenam todos os pensamentos, tanto os negativos quanto os positivos. Estes últimos são os que ajudam a fazê-lo crescer e se desenvolver. Sua influência sobre os três corpos inferiores é decisiva. Estes últimos se equilibram e se aperfeiçoam quando o corpo mental inferior se aprimora por meio da meditação, da observação de si mesmo e da transmutação dos pensamentos.

É no corpo mental inferior que se estabelecem os juízos e atitudes ou estruturas rígidas em nosso sistema de pensamento. Nele se formam os pensamentos advindos da separatividade ou ego, isto é, os que se baseiam no medo de nos sentirmos sós e vulneráveis, os pensamentos egocêntricos. Quanto mais rígida se torna a substância de nosso corpo mental, maior a dificuldade de fluir com a vida, de aprender novas formas de viver e de adquirir novas idéias necessárias ao progresso em nossa carreira evolutiva. Nosso corpo mental é o instrumento de que se serve o espírito para tornar sutis os corpos densos. É ele o ponto de união entre o material e o espiritual, porque a mente, com sua ação pensante, é que origina a qualidade da matéria, ou seja, o estado de evolução das manifestações física e astral, sendo ela que atua a favor ou contra o equilíbrio cósmico. Ele é portanto responsável pelas ações do ser humano e por sua ação correspondente, ou seja, pela causa e pelo efeito. Se a mente sutilizar os seus pensamentos, a matéria dos corpos inferiores também se sutilizará. Esse corpo não desaparece; ele vai apenas acelerando a sua vibração até receber unicamente os pensamentos que provêm do Eu superior, que é amor, o que fará que seu aspecto inferior se dilua e se transforme em luz.

As ações são conscientes e provêm do corpo mental, enquanto as reações ou os chamados atos instintivos são provocados pelo corpo emocional. Reage-se diante de um estímulo emocional e se age obedecendo a um pensamento reflexivo. As emoções, assim como os pensamentos, variam de vibração, razão pela qual existem emoções positivas e negativas e pensamentos positivos e negativos. No nível de consciência em que se acha atualmente a humanidade, continua-se a reagir na maioria das vezes aos estímulos do corpo emocional.

O corpo causal é o que guarda todas as experiências através das quais passou o ser durante o longo processo de evolução. É a parte do espírito que se individualiza e na qual se inscrevem as causas que criarão os efeitos. Deles sai a personalidade, saem as qualidades, as virtudes, os vícios e tudo o que o ser humano adquire na senda do aperfeiçoamento. É também nele que se inscreve o karma. Registram-se aí as tendências e as capacidades contra as quais e com as quais se deverá trabalhar a fim de progredir no caminho da evolução.

Uma vez purificados os corpos inferiores, o corpo mental e o causal darão prosseguimento à sua ascensão rumo aos planos superiores, tornando-se por fim, todos eles, luz.

O corpo espiritual é o mais elevado de todos e é ele que dá origem aos outros. Para conseguir encontrá-lo, é preciso trabalhar na aceleração vibratória dos outros corpos. É a nossa parte divina que temos de descobrir. A intuição é o reflexo da nossa sabedoria proveniente do ser real ou espírito. Ela é tanto mais precisa quanto mais o ser se abrir ao seu Eu essencial. Como estamos mais ocupados com os pensamentos provenientes do ego, poucas vezes escutamos as nossas intuições.

O corpo físico se manifesta no plano da percepção tridimensional, em que o pensamento é visível na forma chamada matéria física.

Quando o ser humano vive no mundo físico, toda a sua atenção e todo o seu pensamento enfocam este plano em que ele se exprime, esquecendo-se das outras realidades de onde procedem os seus outros corpos. Quando se sai do mundo tridimensional mediante o processo de morte física, o pensamento — quer permaneça preso a essa dimensão, voltando então a manifestar-se nela, quer eleve a sua vibração ao plano de consciência seguinte, onde continuará a exprimir-se — dá prosseguimento ao processo de aceleração da vibração dos corpos emocional, mental e causal, transformando-se todos eles em luz e unindo-se, por fim, ao Criador. De cada um desses corpos emana uma aura, que é o campo eletromagnético que circunda todo ser vivo.

A morte e o astral

Na primeira fase daquilo que se entende por morte sobrevém o desprendimento dos dois corpos perecíveis. Nela, a pessoa vê o seu corpo físico, que acaba de deixar, e ao mesmo tempo se acha num corpo tão sólido e real como aquele que tinha. Isso decorre da passa-

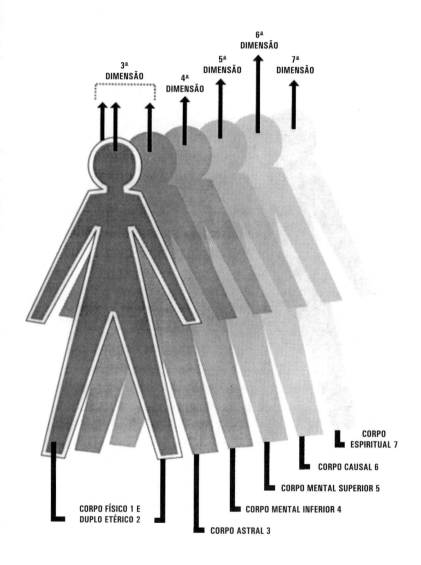

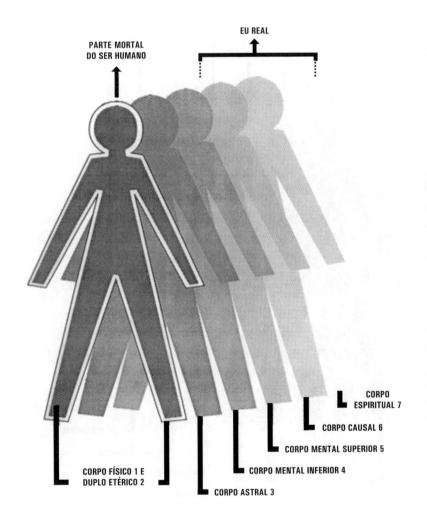

gem a um outro plano de realidade: o Astral. Seus corpos sutis estão envoltos pela forma energética ou molde energético que produzia o corpo físico.

O Astral é o mundo espiritual que pertence à terceira dimensão. Compõe-se de três planos principais, cada um deles subdividido em várias esferas, de acordo com a freqüência vibratória que as rege. Nos diferentes planos astrais estão as almas em trânsito, que esperam voltar a encarnar ou a continuar evoluindo até obter a freqüência vibratória necessária que lhes permitirá aceder ao plano seguinte, ou quarta dimensão.

O Baixo Astral é onde se encontram os desencarnados de vibração muito baixa, decorrência do fato de continuarem fortemente apegados ao plano terreno. Os que se acham aí estacionados, e segundo o seu estado de consciência, estão no que se considera ser o "purgatório" e o "inferno". Esses dois estados são voluntários e não são eternos. Segue-se o Médio Astral, em cujas diferentes esferas está a maioria dos seres humanos, dado o atual estado evolutivo da humanidade. Vem em seguida o Alto Astral, para onde vão os seres mais evoluídos e a partir de onde se passa à quarta dimensão ou se decide ir para o plano terreno a fim de ajudar os que estão mais atrasados.

Ao chegar ao Astral, o ser pode sentir-se desorientado porque não sabe o que lhe acontece. Não obstante, se no momento da morte, antes ou depois dela, se entrega a Deus pedindo ajuda ou elevando uma oração, o que é muito comum, a luz se faz de imediato. Mas se seu apego ao que acaba de deixar for grande, isso mesmo o impedirá de continuar a sua ascensão ao plano que lhe cabe e ele se verá cercado de escuridão. É nesses momentos que a intervenção dos que continuam na Terra por meio de orações ou dirigindo-se diretamente aos desencarnados é muito útil em virtude de a vibração dos recém-desencarnados ter muita afinidade com o plano físico.

Enquanto estamos na Terra damos valor ao que na realidade não o tem, deixando-nos levar, em geral, por nossos impulsos e desejos. Quando chegamos ao "outro lado", damo-nos conta de que tudo aquilo por que tínhamos tanto apreço de nada nos serve.

O que se chama morte é na realidade ressurreição

Vivi apegado a tudo o que julgava belo, fossem mulheres, carros, obras de arte, casas etc., que comprava com meu dinheiro. Não havia para mim outro valor além do meu desejo, e qualquer meio era válido para satisfazê-lo.

Morri de repente, tendo roubado sem escrúpulo o que pude e quis. Não acreditava então que isso fosse ruim, pois o mundo é uma selva em que todos lutam contra todos. Minha consciência estava adormecida e dominada pelos ditames dos meus desejos. Sempre que conseguia algo que desejava, eu tinha um prazer profundo, mas que, infelizmente, pouco durava. Era como uma estrela fugaz, o que me fazia imediatamente perseguir um outro objetivo, ao qual dedicava toda a minha energia e inteligência. Cheguei a este lugar quando não o esperava. Para mim, a morte significava o nada. Grande foi a minha surpresa ao me ver vivo e num lugar desconhecido.

Não sei há quanto tempo estou aqui, mas passei do desespero, em primeiro lugar, à rebeldia. E como não encontrei consolo nem sentido naquilo que acontecia comigo, comecei a refletir sobre a vida que levara. Estar já sem o corpo físico torna mais fácil entender boa parte do que é a vida. Percebi que a minha vida fora regida pelo meu desejo de tudo possuir, de controlar tudo ao meu redor, e compreendi que isso não era o correto. Como cheguei a essa conclusão? Analisando os meus sentimentos, dei-me conta de que nessa maneira de agir nunca encontrei paz nem harmonia; havia sempre um desassossego e uma eterna insatisfação. Lembrei-me então das ocasiões em que ajudei alguém ou me compadeci de um amigo ou de qualquer pessoa e do sentimento que tivera depois. Isso sim me enchia de paz e satisfação.

Como se pode ser tão cego quando se está na Terra para não perceber isso? Passamos a vida lutando para obter coisas que na hora da morte, que para todos chega, de nada servem, em vez de insistir nas atitudes que levam à verdadeira felicidade.

Agora estou num lugar menos escuro mas sem saber exatamente o que fazer. Ouço vozes que me chamam e me dizem que me dirija à luz, mas não vejo nenhuma. E em lugar de levar-me a ela, levaram-me a vocês. Podem me dizer o que fazer?

Um dia, chegou-nos este chamado de um desconhecido. Explicamos, como sempre, a razão de sua situação e como chegar à luz. Ao final, ele terminou dizendo:

— *Sinto-me atraído por uma luz que não posso descrever: um redemoinho de cores que se transforma em luz fortíssima mas que não ofusca a vista. Aproximo-me cada vez mais. Ela vai se tornando cada vez maior e mais brilhante. Como fui tolo para negar a existência de Deus? Isto é o paraíso. Vejo sair dali pessoas que me chamam. Estou indo... Obrigado... Já compreendi o que é a vida, e o que chamamos de morte é na realidade ressurreição.*

Falem com "La Cabrita"

Esta experiência é especial para nós porque foi uma das que melhor pudemos provar ser verdadeira. Fazia parte de nossos grupos de meditação Teresina, cujas faculdades especiais nos surpreendem. Médium e vidente, ela tem não só a capacidade de ver outros planos de realidade como de servir de intermediária: outros seres falam por sua voz.

Numa das sessões de meditação, Eduardo, que tínhamos conhecido enquanto estava vivo, comunicou-se conosco através da voz de Teresina. Nunca pensáramos que ele precisasse da nossa ajuda: tínhamos consciência da vida reta, e inclusive rigorosa, que levara. Ele reclamou, sempre através de Teresina, por não ter recebido nenhum auxílio de nós. Confessamos não ter pensado nele, apesar das repetidas mensagens que nos havia enviado e que não soubemos interpretar.

Ele não conseguia sair do Baixo Astral, retido por seus complexos de culpa e por medo do castigo, "merecido" segundo os parâmetros dos seus tão rígidos conceitos religiosos. Oramos, conversamos com ele e o convencemos a ir para a luz. Antes de partir, ele nos disse:

— *Obrigado por me ajudarem tanto. Continuem ajudando a quem está obstruído. Há milhões como eu. Estou com Julio; ajudem-no dizendo à sua filha, "La Cabrita", que ele está bem, e com isso ele se tranqüilizará.*

Em seguida, ele deu um número de telefone, dizendo-nos que procurássemos por Elena.

No momento em que estávamos recebendo essa mensagem, a vidente pôde ver, com muita clareza, que o chamado Julio se afogava no mar. Estávamos desconcertadas e sem saber o que fazer. Finalmente, resolvemos ligar para o número indicado e pedir para falar com Elena, que, de fato, estava ali. Dissemos-lhe resumidamente o motivo da nossa ligação, o que fez com que ela começasse a chorar dizendo que, realmente, seu pai morrera afogado dezoito anos antes.

Dias depois, reunimo-nos com ela para meditar e enviar luz ao seu pai. Elena nos informou que desde a morte do pai não deixava de pensar nele, chamando-o o tempo inteiro e torturando-se ao pensar no que ele deve ter sofrido ao morrer. Foi grande o seu assombro ao saber que a tinham chamado La Cabrita, apelido carinhoso com que seus filhos a chamavam, o que a convenceu de que o pai estivera o tempo inteiro ao lado dela. A libertação obtida foi para ambos, já que Julio finalmente se elevou ao plano a que pertencia e Elena ficou tranqüila ao saber que no final ele encontrara a felicidade.

A partir desses exemplos, é possível compreender que, por vezes, quando os pranteamos exageradamente, podemos estar prendendo nossos entes queridos nesse limbo que não é nem aqui nem lá. Isso os inquieta, impedindo-os de se elevar ao plano para o qual devem ir.

Parece muito fácil convencer essas almas errantes a se desprenderem de seus interesses terrenos. E haverá quem se pergunte por que então é tão difícil convencer os semelhantes, com os quais temos comunicação direta. Isso se deve ao fato de que, quando se está sem a densidade do corpo físico, as verdades espirituais podem ser vistas com mais clareza. Por outro lado, parece que, quando se chega à luz, o entendimento se aclara de tal modo que se vê tudo com uma impressionante objetividade.

Dois

O desprendimento

Contente por ter aquilo que por si só vai além dos opostos,
liberto da inveja, sem apego ao êxito nem ao fracasso, mesmo
quando age, não se prende.
Deve-se reconhecer como eternamente livre aquele que não rejeita
nem deseja; porque quem se libertou dos opostos facilmente se
liberta do conflito.

— Bhagavad Gita

No processo da morte há várias fases. Depois do desprendimento dos dois corpos perecíveis, a pessoa se acha no mesmo estado de consciência e de evolução em que se encontrava ao morrer. Ela leva consigo seus desejos e crenças, seus interesses e preconceitos, suas idéias equivocadas e seus dogmas religiosos. Ela não obtém de imediato a sabedoria do além pelo simples fato de estar nesse mundo. Vai ser necessário um período de adaptação ao seu novo estado.

Precisa-se de modo geral de um certo lapso de tempo para que se realize o desprendimento total do ser que acaba de morrer, que tende no princípio a continuar perto do corpo que deixou. Contudo, nem todos os desprendimentos ocorrem da mesma maneira: alguns requerem menos tempo, ao passo que outros podem demorar mais, de acordo com as circunstâncias da morte ou o grau de evolução da pessoa.

Há muitos casos em que os seres se desapegam com rapidez do seu corpo físico e do mundo material, experimentando a ventura inefável do encontro imediato com a luz. Há entretanto outros que permanecem fortemente apegados ao seu corpo físico e à sua vida material, à qual se aferram, permanecendo assim paralisados nesse limbo denominado Baixo Astral, que não é nem o mundo material nem o mundo espiritual. Alguns nem sequer se deram conta de que morreram, desesperando-se porque ninguém os vê nem os ouve. Outros, percebendo o que aconteceu, negam-se a sair de onde estão por diversas razões, que vão desde a total negação de sua própria luz, que é aquilo que se entende por "inferno", até somente o sentimento de culpa e o medo do castigo, ou a rebeldia com o que está acontecendo, a que corresponderia o "purgatório". As almas que lá se encontram se negam a seguir a luz, cada qual por seus motivos, mas todas, no fundo, por soberba, em suas diversas manifestações. Na morte como na vida, somos arquitetos do nosso destino.

É possível ajudar mais facilmente a todos esses seres elevando orações que os auxiliem a desapegar-se da baixa vibração do plano terrestre. É possível ajudá-los também falando com eles através de um médium para convencê-los de que já não lhes cabe estar neste plano e de que devem dirigir-se para a luz.

Em alguns casos, o apego desordenado ao que deixaram na Terra, sejam bens materiais, poder ou pessoas a quem amavam, os impede de elevar-se às esferas superiores. Nesse sentido, certas pessoas que vivem controlando os que estão ao seu redor sofrem muito depois da morte quando se vêem impossibilitadas de continuar a ter domínio sobre eles. Daí que o problema de muitas pessoas poderosas seja continuar tentando exercer seu poder a partir do Astral, o que as impede de elevar-se.

Sobre o desprendimento dos famosos e poderosos, os mestres nos informam o seguinte:

O poder e a fama constituem um dos maiores obstáculos à elevação, pois acreditam, aqueles que os viveram — e às vezes acontece [a morte] quando se acham no pináculo de sua hegemonia —, que perderam tudo, desesperando-se diante de sua impotência para continuar ordenando e manipulando.

Quando chegam aqui, essas pessoas não escutam ninguém e se debruçam em seu desespero de ter perdido o poder. É preciso muito tempo — durante o qual elas vão sendo paulatinamente esquecidas na Terra quando são necessariamente substituídas por outra pessoa — para que se decidam a sair do seu esconderijo, em que só vêem o que acontece no lugar que deixaram ao morrer. O grande problema que se apresenta nesses casos é que de modo geral esses seres não crêem na existência de uma vida posterior à morte, e embora constatem que continuam a viver, o fato de se encontrarem na escuridão lhes confirma que a morte é isto: uma coisa parecida com o nada.

Quantos há nessas condições? Muitíssimos, e eles precisam das orações dos que ainda se encontram na Terra para que essa energia os impulsione para fora da atração da vibração terrestre.

Mesmo depois da liberação do Baixo Astral e de chegar ao plano espiritual, as lembranças da glória podem continuar a exercer influência sobre a alma.

Voltar a viver no mundo físico depois de ter tido fama não é fácil, pois é preciso experimentar a condição de "joão-ninguém". É preciso muita coragem, que não se consegue rapidamente, sobretudo quando a vibração de admiração da humanidade continua a alimentar o desencarnado. Como exemplo, no caso de um músico famoso, se sua música continua a ser tocada, o público vibra com ela e celebra o compositor pelo seu gênio, essas homenagens chegam a este plano e alimentam o ego do desencarnado, que, embora esteja no mundo espiritual e tenha compreendido muitas coisas, ainda sente o desejo do sucesso. É um sentimento forte, difícil de abandonar. Contudo, seu desejo de avançar também existe, sendo muitas vezes mais forte do que o desejo de glória humana.

Assim, ele decide regressar à Terra para ter uma experiência que lhe ensine a humildade. A alma precisa regressar, talvez em condições sumamente precárias, seja como tolo ou numa situação de poucos recursos econômicos em que não possa se sobressair em coisa alguma. Isso acontece quando o chamado do Ser Supremo é mais forte do que suas lembranças de sucesso.

No tocante a isso, mencionamos uma mensagem dirigida a Carmen por alguém que durante a vida teve fama e sucesso.

É preciso compreender que o sucesso mundano é bastante perigoso do ponto de vista da evolução espiritual. Através das diferentes experiências que se têm no mundo físico, aprendem-se novas virtudes e se abandonam os antigos defeitos. Mas quando se decide experimentar o sucesso, está-se aceitando passar por uma das provas mais perigosas para enaltecer o ego. Tem-se de experimentá-lo num dado momento, assim como ocorre com o poder, mas é extremamente difícil sair de sua influência.

Quando se chega a algum lugar em que só se recebem admiração e louvores, a pessoa se sente quase um deus: ninguém é digno dela, que é extremamente especial, diferente do resto da humanidade. Aqueles que têm as mesmas faculdades e também obtêm êxito são objeto de inveja e de ódio acérrimo porque dividem a glória que a pessoa crê que só ela merece. Meu grande pecado foi a soberba de me crer único.

Quando vivemos no mundo terreno, embriagamo-nos com seus falsos prazeres. Acreditamos que a felicidade está nos elogios, na superioridade e na aceitação. Eu que tive isso posso dizer que nenhum deles preenche a alma. Há sempre um profundo anseio por algo que não está nem no poder, nem na fama ou no dinheiro, e de que só conseguimos vislumbres no amor humano.

Esse anseio tem a forma de um desejo da alma em unir-se com aquilo de que se separou; quer dizer, o que o ser humano busca na realidade no amor terreno é sentir-se em união com outra alma para eliminar o sentimento de separação. Isso é conseguido momentaneamente, mas persiste sempre um vazio relativo a algo que não conseguimos compreender.

Esse algo não é senão o nosso destino final: a união última com o nosso Criador. A verdadeira felicidade reside em formar unidade com tudo o que existe.

Certas pessoas que vivem controlando os que estão ao seu redor sofrem muito depois da morte quando se vêem impossibilitadas de continuar a ter domínio sobre eles. Daí que o problema de muitos homens poderosos seja continuar a buscar exercer seu poder a partir do Astral, o que os impede de elevar-se.

Não posso ir embora deixando-o aqui

A voz é a de um jovem nervoso e reticente. Ele tem dificuldades para explicar o seu problema, foge às perguntas, se defende; contudo, sentimos a sua depressão e vamos vê-lo. Surpreende-nos um muito jovem proprietário de uma mansão senhorial: antigos móveis europeus impecavelmente conservados, antigüidades, quadros valiosos e objetos de prata. "É a herança do meu tio", explica-nos ele. Do mesmo modo, depois de longas pausas, diz-nos que sente sua presença continuamente, que desde sua morte, vários anos antes, não consegue libertar-se de fortes depressões, primeiro por sua ausência e depois por não conseguir levar a vida em paz. Compreendemos por meio do seu relato que a relação entre eles tinha sido de grande possessividade e autoritarismo da parte do homem tantos anos mais velho.

— Eu não sei se a presença que está aqui é do seu tio — disse Carmen. — Pode tratar-se de outra entidade e eu não gostaria de começar uma comunicação com o outro plano a partir de idéias preconcebidas. Vamos meditar pedindo proteção e com a intenção de ajudar a quem se encontra aqui.

Enquanto meditávamos, recebemos a seguinte mensagem:

— *Bendito seja Deus que finalmente me permite expressar-me. Sou eu, Francisco, que há muito desejo comunicar-me com meu adorado Rolando e não o conseguia. Quero dizer a você que tenho estado ao seu lado para orientá-lo no escabroso mundo físico. Desde que o deixei, não consigo ver nada mais do que esta casa e a sua amantíssima pessoa. Só sei que desejo estar junto de você, mas você não me escuta e isso me desespera.*

Respondemos que ele já não devia estar naquele lugar, mas que uma vida maravilhosa em outro plano o esperava nesse momento.

— *Não posso ir-me deixando-o aqui. Ele não sabe como se comportar na selva da humanidade. É um ser demasiado sensível e delicado para que eu o abandone. Não me peçam que o deixe. Isso me faz sofrer enormemente.*

— Agora ele deve viver separado de você. Ele tem de aprender a lutar sozinho para se fortalecer. Você, por outro lado, tem de continuar a sua evolução buscando a luz de Deus, que sempre está aí para aquele que a desejar. Deus é amor e misericórdia infinitos e só espera de você que você volte a ele, que deseje sair desse lugar e ver a luz, para que esta se faça.

— *Não sei quem vocês são, mas me dizem coisas muito belas. É certo que sempre acreditei em Deus, mas não como vocês me ensinaram. Diziam-me que havia um inferno para os pecadores, e um purgatório, antes de se chegar ao Céu. Isso não é certo: aqui nada mais há além de frio e escuridão, e a única coisa que consigo ver é aquele que deixei e a quem amo tanto.*

Concentramo-nos em enviar-lhe energia amorosa.

— *Não sei o que vocês me enviam, mas sinto calor e bem-estar. Se pudesse sentir-me sempre assim, seria maravilhoso.*

— Isso e muito mais é o que você vai sentir. Agora você só vê escuridão porque os seus pensamentos o mantêm nela. Seu desejo de proteger seu ente querido é o que o prende e o impede de ver a luz.

— *Eu a estou pedindo do fundo do meu coração, e já vislumbro um raio de luz que sinto como um consolo neste calabouço frio e úmido. É cada vez mais luminoso, mas e Rolando, vou deixá-lo?*

Pedimos a Rolando que insistisse mentalmente em que ele seguisse a luz, na qual encontraria a paz e a felicidade, algo a que Francisco terminou por responder:

— *Sim, meu filhinho. Se você me diz, assim será. Vou na direção dessa luz que não posso descrever. Ela me envolve, sinto uma felicidade inenarrável. Como pude ficar tanto tempo sem vê-la? Agora compreendo o que é o inferno e o que chamam de purgatório. É nossa cegueira de ver unicamente o nosso capricho. Percebo que só queria que fizessem sempre a minha vontade, e a impus a quem me rodeava. Você me deu muito amor e satisfações, e eu fui cruel e egoísta com você. Meu amor foi possessivo e ditatorial.*

Perdoe-me. Creio que essa luz ilumina de verdade. Começo a ver as coisas muito claras, com uma impressionante clareza. Sigo para essa luz que me atrai irremediavelmente e sei que a partir de lá poderei ajudá-lo melhor.

Não se consolava por ter perdido o poder e o controle

Certa ocasião em que estávamos trabalhando, apresentou-se a nós uma alma que passara por um problema semelhante de poder e de controle. Eis o que ela nos disse:

— *Sofri muito depois da morte quando me vi imediatamente num lugar escuro e frio, já que o meu desejo era continuar a controlar e a fruir tudo o que me foi dado na vida. É certo que, nos últimos dias de minha vida na Terra, era tal o meu sofrimento que desejei a morte, mas quando deixei tudo o que amava, senti-me desesperado.*

A dor da minha mulher, que vivia unicamente para mim, me prendeu durante muito tempo, já que eu não conseguia consolar-me por ter perdido o controle e o poder que tinha sobre os que me cercavam.

Não sei quanto tempo terrestre durou esse inferno, mas o verdadeiro caminho eu o perdi por soberba e pelo desejo de deter poder e controle. Sofri muito quando vi todas as desavenças decorrentes da herança que deixei, e prometi a mim mesmo não voltar a cair na ambição de possuir. Foi um grande ensinamento de desapego. Agora precisarei de uma vida de privações para aprender o desapego e a humildade.

Não tenho ainda a força para decidir-me a seguir uma vida assim, mas sei que isso virá em seu momento. Só posso dizer-lhes que agora que já superei todas essas etapas do apego ao poder e ao controle sou feliz e não quero que isso volte a acontecer comigo.

Algumas pessoas, em decorrência de suas rígidas crenças religiosas, não se mostram receptivas a novos conceitos por medo de romper com o estabelecido. Com relação a isso, nossos guias dizem o seguinte:

Cada qual é responsável por sua evolução espiritual e ninguém pode fazer coisa alguma pelo outro se este não o desejar. As pessoas temem muito enfrentar a si mesmas e assumir a responsabilidade pelos seus próprios atos. É isso o que leva a humanidade a se escudar por trás de crenças estabelecidas e dirigidas por outros em lugar de pensar por si mesmos e de se lançar em busca da luz e da verdade sozinhos, sem o respaldo de instituições.

Mas a consciência humana já tem de sair do estado primitivo em que se manteve até agora. Desenvolve-se a consciência na busca pessoal da luz, sendo assim uma consciência adulta a que decide e age por sua própria conta, não mais fundada em dogmas nem regras estabelecidas por outros seres humanos que julgam deter o monopólio da revelação divina.

A revelação divina não é senão o acesso à própria luz, e na medida em que nos abrirmos a ela, a sabedoria divina, que está em nossa essência, se tornará patente. Essa sabedoria é patrimônio de todos os seres humanos, e não apenas de uns poucos. Se nos conformamos com as idéias que nos foram transmitidas sem questioná-las nem buscar examiná-las a fundo, não poderemos crescer em nossa abertura de consciência e continuaremos em estado infantil.

Entendemos que no fanatismo que consiste em obrigar os outros a crer e a pensar como nós não há senão o ego controlador e manipulador. O fanatismo é assim uma mistura de medo de enfrentar a si mesmo e de assumir a responsabilidade pelos próprios atos e do desejo de controlar e manipular os outros. É igualmente medo de adotar novos padrões de comportamento e de pensamento. Os fanáticos por uma idéia ou religião são os que não têm coragem de mudar.

Quando se deixa o corpo mortal e se chega ao mundo espiritual, já não há lugar para o fanatismo. Aí se vêem os próprios atos com uma clareza objetiva que não possibilita a autojustificação. Deixa de existir o argumento segundo o qual o que se fez foi feito de acordo com esta ou aquela regra ou dogma. Tem-se apenas a própria consciência daquilo que se fez com amor e contra o amor. Aí nos encontramos sozinhos, sem proteções religiosas nem a evasão de que se acreditava agir corretamente porque foi isso o que foi ensinado, embora estivesse privado de amor.

Quando nos vemos na sala do julgamento da vida que acabamos de viver, o que nos atormenta mais cruelmente são os remorsos pelos nossos erros e pelas nossas omissões, mas é com esses remorsos que mais se aprende, já que ficam gravados em nosso corpo causal e vão nos servir para que não repitamos esses padrões nas experiências futuras.

É muito doloroso o fato de se ter tido oportunidades de se abrir a conhecimentos profundos e de se ter ficado à margem por medo ou pela conveniência de continuar cingido pelo convencional, e por não ter tido a coragem de se aprofundar mais em ensinamentos de profunda espiritualidade. Esses seres são os fracos, que preferem ficar na superfície, sem progredir.

Contudo, em todas as atitudes equivocadas, apresentam-se como alternativa à dor da culpa a misericórdia e o amor divino, que não julga nem castiga, só compreende. E essa Luz, que é amor, é paz, é beleza, é harmonia, nos envolve quando a compreendemos e rumamos para ela. Nosso Criador está sempre presente, disposto a nos dar o amor de que nos esvaziamos com nosso egocentrismo. Precisamos apenas desejá-lo e pedi-lo.

Não me sinto capaz de enfrentar o julgamento

Este é o caso de um sacerdote que, temeroso diante da idéia do julgamento e acossado pela culpa, não conseguia rumar para a luz. Durante um de nossos círculos de oração, ele se fez presente.

— *Acho-me muito desorientado: não sei se mereço um castigo no qual não acreditava ou se devo abrir-me àquilo a que não me atrevi em vida.*

Estimulamo-lo a buscar a luz na qual encontraria a paz e a misericórdia divinas.

— *Vocês me dizem que eu devo me abrir à luz, mas nela deve estar o julgamento que temo por ter violado as normas com as quais me comprometi ao assumir o sacerdócio. Atrevi-me a ser rebelde e preguei contra os dogmas e os ditames das autoridades eclesiásticas, sem bases verdadeiras, apenas por minha soberba de buscar a aceitação daqueles que não concordavam com os ensinamentos tradicionais da Igreja. Não ousei deixar de lado minha condição de sacerdote e buscar, com entrega e sinceridade, outros conceitos mais convincentes. Por temor, fiquei na fronteira. Fui um desses fracos que o Espírito Santo vomita. Aqui me oferecem ajuda mas não me atrevo a aceitá-la: não sei se se trata de uma armadilha que me levará ao inferno.*

— O que faz você pensar assim são suas idéias equivocadas sobre o céu e o inferno. Existe apenas o amor de Deus. O purgatório e o inferno são estados mentais voluntários e passageiros.

Enquanto dizíamos isso, concentrávamo-nos em enviar-lhe luz rosada, que é a energia de amor que ajuda na elevação e a ver as coisas mais claras.

— *Percebo o amor que vocês me enviam, mas não me sinto capaz de enfrentar o julgamento. Estou aterrado diante da idéia de ser advertido por todo o mal que fiz.*

— Deus não castiga; seu amor e sua misericórdia são infinitos. Busque a luz, que aí está; nela estão a paz e a felicidade que o esperam em sua nova vida. O castigo não existe: é a culpa que não o deixa ver a luz.

— *Então onde estão a bondade e a maldade se Deus perdoa de qualquer maneira?*

— O mal não tem existência real — explicamos-lhe. — Se entendemos que Deus é tudo e que Ele é o bem absoluto, não pode existir uma força que a Ele se oponha. Assim como a luz é *per se*, a sombra não é senão a ausência daquela; carece de existência em si mesma. O que se entende por mal é a ação equivocada do ser humano provocada por sua ignorância e falta de consciência. O Criador não castiga; Ele dá ao homem as oportunidades e as condições necessárias para que este entenda por si mesmo o caminho a seguir.

— *Por que me transmitiram todos esses conceitos que vocês dizem ser errôneos? Não é possível que se continue a instruir as pessoas em erros capazes de provocar este sofrimento.*

Continuamos a rezar e a enviar-lhe luz, procurando convencê-lo.

— *Creio que começo a entender, mas é necessário que vocês digam aos que ainda não morreram que esta transição é difícil se se tem culpa e medo do castigo.*

Depois escutamos:

— *Sigo para a luz: sinto um grande bem-estar e não vejo nenhum julgamento; só percebo amor, amor, amor. Como pude ser tão cego, como não tive a coragem de ir mais além em minhas inquietações... Mas o Altíssimo é bondade infinita, é amor, e creio que me perdoará pelas fraquezas... Vocês me transmitem amor e confiança... Adeus e obrigado.*

A culpa é o resultado do nosso desejo de ser perfeitos e de não aceitar o fato de que nos enganamos. Se percebêssemos que os nossos erros nascem da nossa falta de consciência, a culpa não existiria. Haveria apenas a humildade de aceitar nosso lado obscuro, nossa sombra, compreendendo que esta se iluminará na medida em que se abrir a nossa consciência.

Uma bela mensagem recebida de nossos mestres diz:

Não convém ser muito exigente consigo mesmo. Mesmo conosco temos de praticar a tolerância. Chegamos outra vez ao conceito de equilíbrio: isso não quer dizer que tenhamos de aceitar as nossas falhas, mas tampouco devemos condená-las, isto é, precisamos nos dar conta delas e compreender que são o resultado da nossa falta de consciência, do nosso egocentrismo; e quando as encaramos de frente, elas vão aos poucos perdendo força. Se as condenarmos, alimentá-las-emos. Por quê?

Simplesmente porque o ódio e a rejeição são energias negativas que se misturam com as falhas que condenamos, dando-lhes força e alimentando-as com essa negatividade. Pelo contrário, se tivermos tolerância com elas, aceitando que ainda não somos perfeitos, a humildade vai gerar força positiva que ajuda a eliminar o defeito. Por esse motivo, a meditação é uma arma poderosa para a evolução espiritual. Vêem-se nela os defeitos sem juízos negativos, o que elimina a sua virulência.

Ora, o nosso desejo de perfeição é inato, já que significa o anseio de regressar à nossa verdadeira essência, que é perfeita. Quando regressamos a Deus, voltamos à nossa origem, depois de ter experimentado múltiplas vivências com as quais damos glória ao Criador. Se agimos negativamente, é porque, no circuito de nossa experiência criativa, perdemos a rota. Mas sempre voltamos a encontrá-la.

Eu acreditava ter comprado a salvação

Há quem, envolto em sua soberba, não aceite que aquilo que encontra não corresponde às suas expectativas e se estagne num estado de rebeldia de que às vezes é difícil sair. Há casos de pessoas que, crendo-se espiritualmente muito adiantadas, se desesperam ao descobrir que não são recebidas com honras por toda a corte celestial. É às vezes difícil ajudá-las, pois elas não querem escutar coisa alguma que não faça parte de suas crenças.

Pedro era um homem muito preso aos seus conceitos religiosos, mas na realidade sua vida esteve envolta em soberba e egoísmo. Nossos guias pediram ao grupo que o ajudasse porque ele se achava num estado de rebeldia e de desespero por não encontrar o que esperava. Informaram-nos que tinham em vão procurado ajudá-lo. Seu ceticismo decorria do fato de ele crer saber tudo e de simplesmente não aceitar aquilo que não era como pensava. Acreditava ter comprado a salvação com seus donativos à Igreja, mas seu problema não eram os conceitos religiosos, já que estes, quando não há soberba, podem ser modificados com facilidade. Infelizmente, seu orgulho não o deixava aceitar que estivera equivocado, que a salvação não se compra com dinheiro mas com amor.

Concentramo-nos em enviar-lhe luz e amor, procurando convencê-lo a sair do seu cárcere voluntário. Explicamos-lhe que o castigo não existe, que o inferno e o purgatório são apenas estados mentais. A isso ele nos respondeu:

— *Não vi o inferno porque não pertenço a ele, mas sei que existe, e não seria justo um Deus que não castigue. Meu desterro aqui, em minha casa, decorre do fato de que é preciso tempo para processar o meu caso. Sempre cumpri os preceitos da Igreja e ajudei com dinheiro a difusão de sua doutrina. Se cometi alguns pecados, confessei-os e isso basta para obter o perdão. Agora estou à espera de que o meu anjo venha buscar-me e me levar à presença de Deus.*

Procuramos convencê-lo do fato de que o único caminho para Deus são o amor e a humildade de aceitar as coisas tal como se apresentam a nós, mas foi tudo em vão. Enquanto isso, os nossos guias nos instavam a continuar enviando-lhe luz, pois isso ajudaria a convencê-lo do erro de crer que não precisava amar, mas simplesmente seguir ao pé da letra os preceitos da Igreja, não necessariamente em termos de comportamento mas de formalismo. Sua soberba não o deixava aceitar nada em que já não acreditasse antes.

Durante vários dias, continuamos a orar, enviando-lhe energia amorosa e insistindo para que se dirigisse à luz. Finalmente, um dia ele começou a ter mais clareza.

— *Chega-me uma onda de calor que vocês chamam de amor. Não entendo nada, já que tudo aquilo em que acreditei não é como eu pensava. Dizem que é soberba não aceitar o que estou vivendo, mas como é a humildade de que falam? Se soubesse que o que vocês dizem é verdade, eu iria, mas tive muito tempo para refletir e me dei conta de todo o mal que fiz, de como a minha vida teve por móveis o rancor e a inveja e de como destruí tudo o que cruzou o meu caminho. Isso me angustia terrivelmente e não creio que me faça merecer alguma glória. Eu estava cego pelo orgulho de crer que as coisas tinham de ser como era mais conveniente para mim, mas agora percebo que não é assim e tenho medo, sim, medo do castigo que mereço.*

— O castigo não existe — respondemos. — Deus é amor e, portanto, não castiga, mas espera com infinita paciência que percebamos qual é o verdadeiro e único caminho. O real trabalho de humildade consiste em saber que não há ninguém superior a ninguém, que somos todos diferentes manifestações de uma mesma essência e que cada um tem uma função e um papel diferentes no plano infinitamente sábio do Criador. Se se entende isso profundamente, já não tem lugar o desejo de sobressair-se ou de controlar os outros. Do mesmo modo, é-se humilde quando se tem consciência de que tudo aquilo que nos acontece tem um determinado objetivo de aprendizagem. Por conseguinte, a aceitação total das nossas circunstâncias nos leva à perfeita humildade.

— *É certo que aquilo por que estou passando é um inferno e que deve haver misericórdia para as almas que sofrem. Vou escutar as vozes que ouço, que procuram me ajudar.*

Seu desprendimento foi muito bonito quando ele finalmente viu a luz e se deixou levar pelos maravilhosos seres que a ele se apresentaram.

Diálogo com o demônio

Há quem não queira crer num poder superior ao seu ser e que, por isso, recusa sua própria luz ao negar a existência da Fonte de Vida de onde procede. Esses seres são muito desventurados pois não encontram consolo e seu desassossego não tem limites. Como já dissemos, no Baixo Astral há vários planos e o nível em que moram esses seres é aquele que se considera o inferno, onde reinam a angústia e as trevas. Anjos e guias provenientes de altas esferas vão a esses planos penosos para ajudá-los a encontrar a luz que recusaram por soberba. Sempre é possível sair desses estados, que são voluntários, pois o Criador atrai para o seu seio todas as suas criaturas, sem exceção. Já São Pedro nos fala que Cristo, depois de morto, "foi também pregar aos espíritos encarcerados que um dia foram rebeldes" (1Pd 3:19-20). Se não houvesse salvação para eles, não haveria sentido em pregar-lhes.

Certo dia, recebemos o telefonema de duas pessoas angustiadas. O casal que nos procurou estava desesperado. Ela é nossa amiga e nos conta a sua história. São uma família unida, com um filho adolescente. Depois de muito buscar, encontraram a casa perfeita: moderna, acolhedora, com um pequeno jardim que a enche de sol. Mudaram-se para a casa entusiasmados, mas a alegria durou pouco. Daniel, seu filho, um rapaz antes animado, ficou nervoso e mal-humorado. Seus longos silêncios eram interrompidos por explosões de violência inexplicável que pouco a pouco foram afetando a relação do casal. A harmonia familiar, sua maior satisfação, desapareceu, cedendo lugar a um ambiente de inquietação. Num momento de angústia, Daniel confessou sentir-se perseguido, que havia alguém, uma presença que se apegava ao seu corpo. Ele podia perceber uma respiração sufocada junto ao rosto quando escrevia. Certa noite, ele apareceu aterrorizado no quarto dos pais: um ser informe, uma espécie de cadáver em decomposição lhe aparecera. Os pais o tranqüilizaram: "É um pesadelo, você está nervoso." Mas o rapaz insistia: "Eu o vi parado junto à minha cama." A situação de vez em quando deteriorava: viam-se sombras, ocorriam contratempos incômodos que os sobressaltavam e não os deixavam viver em paz. Qualquer pretexto insignificante provocava sérios conflitos. O trabalho do marido, sempre bem-sucedido, agora estava mergulhado em dificuldades.

Concordamos em ajudá-los e fomos visitá-los. Já na entrada percebemos a verdade do que diziam. O ambiente era opressivo, tudo nos falava da presença de uma entidade desencarnada. Realizamos os ritos habituais para ajudar as almas que estão na escuridão e em seguida recebemos a mensagem:

— *Só vou quando tiver vontade e não quando vocês quiserem, filhas da puta!*

A forma agressiva e grosseira de falar nos indicou o tipo de personalidade que morava ali. Perguntamos a razão da sua permanência no lugar.

— *Cheguei aqui seguindo um amigo do primeiro morador desta casa, um depravado, como vocês o chamariam. Dediquei-me a influenciá-lo o mais que pude. Agora me proponho a desencaminhar o jovem desta família. Estou aqui há muitas gerações, desde que perdi o meu corpo e me senti desesperado por não poder me manifestar no mundo. No meu canto, divirto-me em criar a maior desarmonia possível nos encarnados.*

— O que você ganha ficando num lugar a que já não pertence? — perguntamos-lhe. — Como você pode ver, já não lhe é possível manifestar-se neste plano. Uma vida muito mais interessante e agradável do que essa o espera, basta você desejar rumar para a luz.

— *Isso é uma ilusão, tal coisa não existe. Vocês são muito ingênuas em acreditar no que a religião conta. A única coisa que existe é o que vocês vêem e o que eu vejo. Não há nenhuma luz nem nenhuma outra vida além da que perdi ou da que tenho agora.*

— A luz existe para quem deseja vê-la. Vamos fazer um teste: peça a luz e vejamos o que acontece.

— *Isso são idiotices. Não vou pedir luz nenhuma porque não creio nela. Isso é contra os meus princípios. Estou determinado a continuar aqui.*

— Você perde o seu tempo e a oportunidade de uma vida maravilhosa, aquela que Deus tem preparada para os que a desejam. A única coisa que você tem a fazer é seguir a luz, que é amor, paz, felicidade, em vez de ficar aferrado a algo que já não lhe cabe.

— *Ora, ora, você me fala de Deus. Eu digo outra vez que você é tola. Deus não existe. Para mim, não há outro deus além de mim.*

Infelizmente, não conseguimos convencê-lo. Ele continuou envolto na escuridão criada por si mesmo ao negar a luz de Deus e a sua própria luz. Sentimos não ter podido ajudar a família. Aconselhamo-la a não cair no jogo perverso desse ser e, já consciente da realidade, ignorá-lo e seguir a vida.

Esse tipo de ser é o que se entende por um demônio no inferno de sua criação. Contudo, essa situação não pode ser eterna. A atração de quem nos criou é tão poderosa que algum dia esse ser se esquecerá de sua soberba e se encaminhará, como todos, ao seu destino final: a fonte de luz na qual teve origem. Se Deus é absoluto, não pode haver nada que não esteja Nele, e tudo o que surge de sua essência regressará cedo ou tarde a ela.

Os seres como o do exemplo procuram manifestar-se no plano físico por terem permanecido muito apegados a ele. Como não o podem fazer, dedicam-se a incomodar os encarnados, induzindo-os a ações desarmoniosas. Do mesmo modo, por vezes, conseguem possuir algum ser humano, obsedando-o e levando-o mesmo ao suicídio ou à loucura. Muitos casos de loucura provêm dessas possessões, embora os psiquiatras geralmente não o admitam.

Um caso de possessão

As possessões demoníacas existem. Trata-se de seres que estão apegados ao plano terrestre e que, como não podem manifestar-se por meio de um corpo, procuram invadir o de um encarnado, obsedando-o, assenhoreando-se de sua vontade e absorvendo a sua luz.

Como é natural, são almas com muito pouco desenvolvimento espiritual, isto é, o que se entende por "seres malvados", os chamados demônios. Como vimos, esses seres vivem na escuridão e se alimentam da luz daqueles que perseguem, sobretudo dos que têm algum tipo de mediunidade ou sensibilidade psíquica, porque podem entrar em contato com eles.

Certa ocasião tive a oportunidade de presenciar uma dessas possessões no momento preciso em que teria podido ser uma de suas vítimas. Quando me despertou a sensibilidade psíquica na forma de escrita intuitiva, quando comecei a comunicar-me com os outros planos, entrei em contato com esses seres. Dado que estão vibrando na baixa freqüência do plano terreno, é muito fácil a comunicação com eles. Por isso, quando se usa a ouija se conseguem esses contatos com relativa facilidade. Basta apenas que alguns dos participantes tenha um pouco desenvolvida sua faculdade psíquica para que o enlace se realize.

Naquela época, eu me via atormentada por esses seres demoníacos que procuravam me obsedar, torturando-me de inúmeras maneiras. O método que usam é incensar o ego da pessoa com múltiplos elogios, como dizer-lhe que ela tem uma grande missão, que a ajudarão a obter o que deseja ou que, através deles, ela alcançará a sabedoria, enfim, mil coisas destinadas a aumentar a sua importância pessoal. Ao mesmo tempo, tentam apoderar-se de sua vontade, dando-lhes contínuas ordens e, uma vez que a têm à sua mercê, deixam-na cair do alto com zombarias e humilhações. Isso foi para mim o que entendo como minha iniciação.

Estando eu numa reunião, comentou-se sobre uma pobre mulher que estava doente havia muito tempo, pois dizia ouvir vozes que lhe davam ordens o dia inteiro e que a estavam deixando louca. Disseram que já tinham feito um exame psiquiátrico mas que aparentemente não se tratava de nenhuma forma de loucura. Quando escutei isso, percebi que provavelmente lhe acontecia o mesmo por que eu acabara de passar, e por isso pedi a uma amiga dela que me levasse para vê-la.

Quando chegamos, Verônica perambulava pela casa como um fantasma, envolta numa velha bata. Quando me viu, teve um sobressalto em que julguei notar desagrado, já que, como mais tarde soube, suas vozes lhe tinham dito que não me recebesse. De fato, eu forçara a visita apesar de ela, com algum pretexto, se negar a nos ver.

Comecei perguntando-lhe o que lhe diziam as vozes. Diante do seu silêncio, enumerei tudo o que imaginei que deviam propor, ao que ela assentia temerosa. Tomada por um terrível nervosismo, parecia que de vez em quando escutava alguém.

— Verônica, estão falando com você? — perguntei.

— Sim, dizem para você ir embora — respondeu cheia de medo.

— Diga-lhes que eles é que se vão embora. Dê-lhes a ordem de deixar você tranquila. Exprima-lhes sua decisão de não escutá-los mais.

Procurei explicar-lhe o que estava acontecendo com ela, que se tratava de entidades negativas de que ela tinha de se libertar. Por ter passado pela mesma coisa, eu sabia até certo ponto como agir para se livrar delas. O primeiro passo era não se deixar dominar por esses seres, procurando não escutá-los, mas se mesmo assim a coisa continuasse, a única maneira de afastá-los era orar. Quando se eleva a freqüência por meio da oração, escapa-se ao seu raio de ação.

Ela me ouvia com atenção mas sempre inquieta. Coloquei nela uma cruz que trazia comigo e comecei a recitar salmos e orações. Num dado momento, ela já não pôde dominar o seu desassossego e, arrancando de si a cruz, ordenou-nos que a deixássemos em paz.

Dias depois, comentei com minha professora de meditação o ocorrido e decidimos ir juntas visitar Verônica para ajudá-la com o seu problema. Minha professora me ajudara a afastar as entidades que me atormentavam e tinha mais conhecimento desses assuntos do que eu.

Quando chegamos para vê-la, e desde o momento em que abriu a porta para nós, um terrível grunhido saiu de suas entranhas e não a deixou um único momento durante todo o tempo em que estivemos na casa dela. Voltamos a explicar-lhe qual era a sua situação. Dissemos-lhe que ela podia libertar-se de seus verdugos com a firme vontade de afastá-los e servindo-se da oração. Começamos a espargir água benta e a rezar em voz alta. Os grunhidos se intensificavam cada vez mais, e a pobre mulher, nervosa e intranqüila, entrava e saía continuamente do cômodo, até que, desesperada, exclamou:

— Carmen, vão, por favor, já me cansei.

Compreendemos, pois aqueles horríveis rugidos que saíam do fundo do seu ser sem que ela pudesse controlá-los a haviam esgotado.

Durante vários dias, rezamos por ela, enviando-lhe luz. Soubemos depois que, aparentemente, se libertara das vozes. Por infelicidade, esses seres haviam absorvido toda a sua energia, debilitando-a ao extremo, o que provocou, pouco tempo depois, a sua morte.

Os seres com um estado de consciência mais primitivo e que estiveram ligados a algum tipo de vício, como o álcool, as drogas, o fumo, o sexo, dedicam-se, ao morrer, a satisfazer esses vícios através de pessoas encarnadas, igualmente viciadas, obsedando-as e induzindo-as a continuar com seus vícios. Expomos a seguir o que uma alma que passou por isso durante a sua vida nos disse:

— Durante a minha vida no plano terrestre, houve um ser que me obsedava e me induzia a beber e a agir com grosseria, o que não era habitual quando não estava sob a sua influência.

Quando sob o efeito do álcool, abria-se na minha aura uma fenda pela qual esse ser entrava e se apossava da minha vontade. Eu não percebia no momento em que isso acontecia, mas depois não compreendia como pudera ter agido daquela maneira. Ao longo dos anos, ele se apoderou cada vez mais da minha vontade, seguindo-me constantemente, obsedando-me com a bebida e o sexo.

Quando morri, vi-o diante de mim rindo com ironia, vingando-se assim de mim por já não ter corpo para que ele desse prosseguimento aos seus vícios, que experimentara mediante o meu. São muitos os que estão nessa situação, e é difícil convencê-los a seguir a luz. Mas, como sempre, a oração e o amor são as únicas coisas que podem ajudá-los.

Quando estamos sob a influência de um vício forte, a nossa vibração baixa, enfraquecendo o nosso campo energético, o que facilita que nele entrem seres desencarnados de vibração semelhante, apoderando-se da nossa vontade. Esses seres se divertem com a influência que exercem sobre os encarnados, absorvendo-lhes a energia. Há médiuns que podem ajudar a afastar esses seres, convencendo-os a irem para a luz, sempre e quando aqueles a quem incomodam estiverem dispostos a abandonar os seus vícios. Se a pessoa viciada se nega a se reabilitar, sua atração continuará a existir.

A pessoa que acredita que não existe nada depois da morte vai deparar com esse nada: uma espécie de neblina que a isola de todo contato, seja com o mundo espiritual seja com o físico. É importante abrir-se ao conceito da sobrevivência da alma para estar mais bem preparado ao chegar ao astral. Assim, a alma se verá menos desorientada. Ao mesmo tempo, isso nos ajudará a ser mais responsáveis pelas nossas ações durante a vida. Como exemplo, incluímos uma fala de um ser que não tinha consciência disso.

— Tenho estado envolto como que por uma névoa fria e não entendo o que acontece comigo. Eu não sabia o que era a morte. Acreditava que tudo acabava com o desaparecimento do corpo físico. Assim, portanto, eu a temia, mas ao mesmo tempo não me importava com o que deixava para trás, pois já não saberia o que aconteceria depois da minha morte.

Fui muito egoísta. Sempre pensava exclusivamente em minha satisfação pessoal, mas agora, nesta solidão, tive tempo de refletir e sinto muito pesar ao perceber quanto mal semeei ao meu redor. Disseram-me que havia um castigo; não o vejo tampouco, só há essa névoa fria.

Ajudamo-lo, como a tantas outras almas, a sair do seu atoleiro.

Esses planos do inferno e do purgatório não são lugares, mas níveis vibratórios produzidos pelo estado de consciência, sendo portanto voluntários. A luz está sempre ali e, de acordo com o nosso estado de consciência, nós a veremos ou não. Não somos forçados a nada; o livre-arbítrio está sempre presente. Portanto, se a nossa mente continuar ocupada de maneira exclusiva com os interesses terrenos, não sairemos da nossa escuridão.

Mesmo durante a vida, escolhemos viver na escuridão quando nos obstinamos em julgar que as circunstâncias só podem ter determinada forma e queremos controlar para que assim sejam em vez de nos abrir à luz na medida em que vamos aprendendo a aceitar a vida como ela vai se apresentando. A verdadeira humildade é compreender que tudo tem um propósito voltado para o nosso crescimento espiritual. Assim, aprender a morrer é aprender a viver, já que em ambos os casos se pratica a entrega à vontade divina, o desapego das nossas idéias sobre como devem ser as coisas e a fé em que tudo está bem tal como está.

Os momentos que precedem a morte, o momento de morrer e todos os momentos da nossa vida são oportunidades para desistirmos do desejo de controlar e descobrirmos que esse desejo se baseia no medo e não no amor. O apego excessivo a idéias, objetos, pessoas ou situações tem sua origem no medo gerado quando nos sentimos separados e sozinhos. Viemos à vida para entender que não estamos isolados, que somos todos UM e que a nossa essência é amor. Aos poucos, iremos compreendendo isso na medida em que agirmos por amor, que é parte intrínseca da nossa essência, e não por medo, que é o que, até agora, tem dominado a maioria das nossas reações.

É preciso muita energia para levar ao desapego aqueles cujo estado de consciência é primitivo, mas a atração de quem nos deu a existência é mais forte do que o desejo de estar no mundo da ilusão, e eles acabarão desprendendo-se deste. Através da oração e da assistência que lhes é proporcionada a partir dos planos espirituais é que os ajudamos a sair daí. Recomenda-se aos que ficam que elevem orações e lhes enviem mentalmente amor e luz rosada, já que isso é o que os ajuda a ver a luz maravilhosa do Criador.

Vejamos o que nos dizem aqueles cuja missão é ajudar os que ainda se encontram na Terra:

Não é preciso o dom da mediunidade para a comunicação com este plano. Nossa ajuda aos encarnados é constante, e eles nos escutam mais ou menos bem. Às vezes, a comunicação é dificultada porque os nossos protegidos se acham envolvidos com o próprio ego, que deseja dominar outros, se sobressair, possuir, não os deixando escutar senão os seus próprios desejos. Mas então dispomos do recurso de lhes proporcionar circunstâncias, invariavelmente dolorosas, que os façam reagir.

Vêem-se muitos casos de pessoas que agem contra o amor e em favor exclusivamente de suas ambições, sem que por isso tenham algum revés na vida. Às vezes, é preciso deixar essas pessoas chegarem ao limite de suas ambições para que percebam que isso não os satisfaz plenamente. Quando morrem, elas se conscientizam de que todos os objetivos por que viveram, agindo contra o amor para obtê-los, não lhes servem de nada. É nesse momento que, uma vez que se desapeguem de sua obsessão pelo que deixaram, seus remorsos as fazem reagir e perceber qual é o verdadeiro caminho.

Muitos têm dificuldades para sair do Baixo Astral, onde ficam estagnados, desejando poder e posses, mas já dissemos que a atração da nossa origem é mais forte que qualquer desejo. É certo que essas almas podem ficar séculos do tempo de vocês aí, mas as orações dos encarnados e o nosso esforço por tirá-los daí no final têm resultado. Por isso se recomenda tanto que se ore pelas almas do purgatório, já que isso gera uma energia que ajuda os que nele estão aprisionados a se elevarem.

Encontramo-nos, tanto o planeta Terra como a humanidade que o habita, num processo de evolução rumo à nossa origem. Neste momento, esse processo vem sofrendo aceleração, já que o planeta deixará de ser uma escola elementar na qual manda até agora o ego e se tornará uma escola superior em que reinarão o amor e a fraternidade. É isso o que se entende por "mudança de era". É agora que mais se facilitará a essas entidades a libertação desses planos, visto que a mudança de vibração da Terra arrasta em sua ascensão aqueles que compreendem o seu erro.

É necessário entender que os conceitos que se têm na Terra são bastante distantes da realidade espiritual, que o corpo é como uma couraça que impede que se compreenda com clareza a dimensão espiritual. Quando se baixa à freqüência do mundo material, perde-se a lembrança dos outros planos. Isso é uma característica da própria densidade desta realidade que interrompe a fluidez das dimensões superiores. Se se introduzir um objeto na água, ele perderá em certa medida o contato com o exterior; mas se esse mesmo objeto for enterrado no lodo que está no fundo da água, esse contato será perdido por completo. Assim, a densidade da vibração da matéria física nos separa das outras realidades. Quando se deixa o corpo físico, têm-se mais condições de melhor compreender as verdades divinas, pois o corpo material é como o lodo de que falamos.

Por isso, não nos cansaremos de dizer que ninguém detém a verdade em sua totalidade. Quando se está encarnado, chegam a nós apenas fragmentos dessa Grande Verdade, sendo por isso que cada um vê um aspecto dela, sem chegar a compreendê-la por completo. Não obstante, à medida que vamos nos aproximando do nosso ser real, isto é, à medida que a nossa consciência se expande e se aproxima da nossa própria luz, que é o raio que emana da Consciência Cósmica, vamos compreendendo com mais clareza todas as verdades.

Três

O astral

A maioria das pessoas está adormecida, mas não sabe disso. Elas nascem adormecidas, vivem adormecidas, têm filhos adormecidas, morrem adormecidas, sem jamais despertar. Elas nunca compreendem o encanto e a beleza daquilo que chamamos de existência humana. Todos os místicos — católicos, cristãos, não-cristãos —, qualquer que seja a sua teologia, independentemente de sua religião, afirmam uma coisa unanimemente: TUDO ESTÁ BEM. Isto é, sem dúvida, um estranho paradoxo, mas o trágico é que a maioria das pessoas nunca chega a perceber que tudo está bem porque está adormecida. Elas têm um pesadelo.

— Anthony de Mello, SJ

O ser que desencarna entra num processo de adaptação à sua nova vida, quer se encontre no Baixo Astral ou em seus níveis superiores. Começa a produzir-se em sua consciência o assombro diante daquilo que encontra e que não esperava, mas os seres que já estão ali procuram ajudá-lo a compreender o que acontece. O recém-chegado muitas vezes é rebelde e incrédulo e não os escuta. São necessários muita paciência e amor para fazê-lo entender que suas antigas crenças nem sempre correspondem a essa realidade.

Surge aqui novamente o eterno problema da humanidade: a soberba; ele não aceita que estava errado, rebelando-se diante do que não atende às suas expectativas. É às vezes sumamente difícil convencê-lo a desistir de seus preconceitos e abandonar-se à luz do Ser Supremo que ilumina o lugar. Mas a atração que o Criador exerce sobre a sua criação tem tal intensidade que todos acabam avançando para Ele.

Não compreendo a razão do que me acontece

O câncer de Marina era agressivo e seu estado, delicado, mas ela se negava a admitir a possibilidade da morte, que se percebia vir de maneira inevitável. Sua juventude e seu desejo de viver não a deixavam enfrentar objetivamente a realidade, e ela considerava a morte uma coisa negativa.

Jocelyn passou a visitá-la regularmente e tentava abordar o tema da morte, mas Marina o recusava porque contrariava o que desejava, que era continuar viva.

Marina morreu num estado de negação e sem se ter aprofundado no verdadeiro sentido de sua doença, da vida e da morte. Morreu rebelde diante de tudo o que deixava para trás: sua família e os projetos que tinha para o futuro.

Algumas semanas depois de sua morte, ela se expressou da seguinte maneira:

— *Esperar sem esperança de obter alívio é o verdadeiro inferno. Não sei por que isso teve de me acontecer. Minha vida foi truncada quando eu tinha tantas coisas pela frente, meu marido com quem eu me entendia, meus filhos que amo intensamente, tudo me foi arrebatado, partindo-me o coração.*

Respondemos que nem seu marido nem os filhos lhe pertenciam, mas eram almas que haviam aceitado de antemão viver juntas essa experiência que incluía a dolorosa separação, com o propósito de aprender e crescer.

— *Como podem dizer que nem meu marido nem meus filhos são meus? Não acredito nisso e não vou continuar a falar se a coisa tomar esse rumo.*

Estou muito irritada com quem os tirou de mim e nunca vou entender o motivo disso. Acredito que tudo o que me ensinaram eram mentiras. Onde está o céu, onde está o purgatório? E, quanto ao inferno, eu o estou vivendo, mas não creio merecê-lo, pois nunca fiz nenhum mal e sempre acreditei no que a religião dizia. Falem-me de alguma coisa mais crível.

Explicamos-lhe que eram seus apegos que a mantinham naquele estado, que a luz estava ali mas que ela só a poderia ver se aceitasse a sua nova situação e desejasse dirigir-se a ela.

— *Dizer-me que deixe a minha família me parece uma aberração. É a coisa mais sagrada que tenho. Como a posso deixar? Não é certo o que vocês dizem: não há nenhuma luz aqui, só névoa e escuridão.*

Continuamos a lhe dizer que Deus é amor e misericórdia, que se entregasse a Ele.

— *Dão-me algum consolo essas palavras em meio à minha rebeldia. E se ouço que Deus é amor e misericórdia, no fundo sinto que é assim, mas continuo sem compreender o motivo do que me aconteceu.*

— A verdadeira vida não é aqui — respondemos. — Esta é só a escola em que viemos aprender a desenvolver as diferentes virtudes. Não seria justo que esta fosse a única, com todo o sofrimento e as diferenças de destino que existem. A verdadeira vida está no mundo espiritual.

— *Vocês me dão paz. Vou refletir sobre o fato de que a verdadeira vida não é no mundo físico. Isso a religião também diz. Vocês me dão paz. Vou pedir a Deus misericórdia. Não me abandonem, continuem a enviar-me amor.*

Nos dias seguintes, continuamos a mandar luz a Marina. As pessoas que ajudamos dessa maneira dizem que percebem essa luz como um banho de amor, como uma onda de calor e bem-estar que os envolve, visto que, estando sem a limitação do corpo físico, elas sentem essa energia de forma mais direta do que nós. O amor, por ser a energia que une o Criador a suas criaturas, ajuda aquele que a recebe a elevar-se a planos superiores.

Mais tarde, em nosso grupo de meditação, Marina voltou a se manifestar e nós a ajudamos a desprender-se finalmente do plano terreno.

Aqueles que passaram por esse processo nos informam que, enquanto vêem a luz do Criador, que ilumina o mundo espiritual, a alma se eleva ao plano do astral que lhe cabe por afinidade vibratória. Ali se vêem com toda clareza os atos realizados durante a vida que acaba de findar, momentos em que já não há lugar para justificativas. Vêem-se sem rodeios os atos de egoísmo, as transgressões contínuas ao amor, o que pode ser muito doloroso. Essa revisão da vida é feita diante de seres de luz que estão ali não para reprovar mas para irradiar energia curativa que limpa toda negatividade provocada pela culpa. São esses seres elevados que nos ajudam com amor infinito a nos perdoarmos e a compreendermos que os nossos erros nasceram da falta de consciência. Em lugar de confirmar a rejeição e o desprezo por si mesmo, esses seres nos apóiam, ajudando-nos a ver o que houve de positivo nessa vida e nos orientando a aprender com os desacertos passados.

De acordo com os relatos de pessoas que passaram pela experiência de *quase-morte*, isto é, que depois de serem declaradas clinicamente mortas voltam à vida, quando lhes é apresentada a visão panorâmica de toda a sua vida, elas a vêem ao mesmo tempo como espectadores e como atores. O que mais lhes causa impacto é que sentem todos os sofrimentos e as alegrias que causaram aos outros. É aí que percebemos o sentido da frase "Amarás o teu próximo como a ti mesmo", porque o mal e o bem que fazemos ao outro fazemo-los a nós mesmos, já que somos parte de uma unidade.

Se o corpo astral do recém-falecido estiver muito deteriorado, seja por uma doença prolongada e não aceita, pelo consumo de drogas ou álcool, por morte por assassinato ou suicídio, ele é levado a um período de sonho em que a consciência adormece enquanto seus corpos são reparados com a energia universal que a tudo harmoniza. Também é levado a esse estado quem tiver vivido muito afastado de sua luz interior. É o que se entende por "sono reparador", que será mais ou menos longo de acordo com a necessidade da pessoa.

Incluímos a seguir uma mensagem, recebida de uma alma desencarnada, que nos ajudou a entender esse processo.

Vocês não podem nem imaginar a beleza deste plano em que nos encontramos. É preciso usar conceitos terrenos para descrevê-lo, mas faltam palavras adequadas a esta realidade. Só lhes posso dizer que o nosso sentimento de amor se torna sublime e que a nossa compreensão das leis cósmicas se torna mais apurada.

Quando desencarnamos, começamos pelo desprendimento dos corpos mortais. Em seguida, quando não se continua obcecado com aquilo que se deixou, mas a alma se dirige para a luz que ilumina o mundo espiritual, vemos com muita clareza a vida que acabamos de vivenciar. Aparecem os remorsos e o autojulgamento, sempre com a assistência desses elevadíssimos seres que nos ajudam com imenso amor a ver nossos erros e acertos.

Depois somos postos nesse estado de sono reparador para equilibrar nossas desarmonias. Enquanto estivermos nesta dimensão, no princípio nos oferecem a possibilidade de criar o ambiente que foi o nosso ideal na Terra a fim de poder descansar das vicissitudes da vida que acaba de findar.

Como o desejo de avançar está latente, a alma passa mais ou menos tempo nesse mundo ilusório e depois desperta para a realidade do mundo espiritual. Então começa o verdadeiro trabalho neste plano, que é maravilhoso. Há quem se dedique a conhecer e a estudar mais a fundo as verdades cósmicas até onde o permite o seu estado de consciência. Esses conhecimentos de modo geral se conservam e servem na encarnação seguinte. Outros se ocupam de receber e ajudar os recém-chegados a este plano a integrar-se à sua nova vida. Outros ainda se dedicam a se dirigir aos encarnados, a partir daqui, por meio da comunicação telepática.

Decide-se neste plano a nossa participação no programa de ajuda aos que ainda se encontram na densidade do mundo físico. Fazem-se planos de trabalho organizando as circunstâncias necessárias para que se dêem as condições ideais no despertar da consciência. Nosso trabalho consiste em organizar da melhor maneira possível o funcionamento do plano material a fim de corrigir os desvios das atitudes humanas, proporcionando estímulos e circunstâncias que levem os seres humanos ao seu despertar.

É um trabalho minucioso e nem sempre fácil. Não se consegue com facilidade que as pessoas respondam no sentido que se espera e, quando isso não acontece, é preciso organizar outro evento que as faça reagir. Por *isso, às vezes temos a impressão de que são coincidências o que acontece, e o tomamos como simples golpe de sorte ou crueldade do destino. É preciso entender que não se trata nem de uma coisa nem de outra, mas apenas de efeitos das nossas próprias causas.*

Como a nossa mente é criadora, criam-se as circunstâncias da nossa vida, seja a partir do plano causal, isto é, do nosso Eu interior que luta para se manifestar, ou a partir do nosso corpo mental inferior, que se vincula com o astral e segue as emoções provocadas por este. Quando é esse o caso e os nossos desejos vão no sentido oposto ao despertar da consciência, provoca-se o efeito desarmonioso que tomará forma em nossa vida como dor. Em ambos os casos, estamos diante do poder da nossa mente, mas em níveis diferentes. O pensamento pertinente aos corpos inferiores se provoca neles, isto é, o corpo físico com suas exigências materiais e o corpo astral com suas emoções egocêntricas desencadeiam a energia que provoca os pensamentos egoístas que plasmam o ego. É um círculo que se alimenta dos desejos, das necessidades e das emoções dos corpos inferiores. Esse círculo só vai se romper quando se alcançar a compreensão de unidade e se deixar fluir na direção do corpo mental a energia proveniente dos corpos superiores.

O que fazemos é seguir a corrente da energia do pensamento dos encarnados, organizando as circunstâncias necessárias para que se cumpram os seus desejos de criação, em qualquer sentido que for, e depois ajudamos a ocorrência dos efeitos desses desejos que ajudarão o despertar da consciência, quer dizer, a energia proveniente do corpo causal.

A ajuda do nosso plano ao de vocês é contínua. Se somos todos UM, é compreensível a ligação dos níveis mais altos aos mais baixos. À medida que se vai abrindo a consciência, vai-se agindo em maior harmonia com a vontade do Altíssimo, mas enquanto está adormecida, a consciência age muito freqüentemente em desarmonia. Nós, irmãos mais evoluídos, estamos vinculados com os que ainda estão adormecidos para ajudá-los a despertar por meio da organização de circunstâncias que os ajudem a abrir sua consciência. Como não podemos contrariar o livre-arbítrio de ninguém, estando sempre presente em todos o poder de criar, o que fazemos a partir dos planos superiores é opor resistência às criações desarmoniosas por meio de estímulos que os façam compreender seu erro.

O poder da mente é imenso e emite energia criativa que se conecta com a nossa mente neste plano espiritual e faz que trabalhemos na realização daquilo que essa mente está criando. Isso esclarece a interligação que nos une a todos, já que somos todos manifestações de uma só e mesma essência. Se conseguirmos compreender e em seguida aceitar que tudo o que nos acontece tem o fim de nos fazer aprender, crescer e despertar, a cada dia mais equilibrada ficará a nossa vida, que será mais harmoniosa.

Neste mundo não há dor nem sofrimento. As almas se reúnem por afinidade vibratória e trabalham em grupos, ajudando-se mutuamente. Pergunta-se o que acontece com as almas que estiveram cheias do que se chama maldade e egoísmo. Como se tornam imediatamente seres pacíficos e fraternos? Como estão sem a densidade do corpo e se acham envoltas nesta luz maravilhosa, sua consciência se abre a ela e não lhes é possível agir desarmoniosamente. Isso acontece quando já se saiu do Baixo Astral e se está em qualquer nível do Médio Astral ou do Alto Astral.

Como ainda não se dominam as diferentes virtudes e se tem de experimentar as diversas vivências do mundo tridimensional, além de sentir a sua atração enquanto se continua a vibrar nessa freqüência, regressamos para acabar de experimentar tudo o que esse mundo oferece antes de continuar nossa evolução no plano de consciência seguinte.

Há seres que, a partir do Baixo Astral, voltam a encarnar em virtude de a atração pelo mundo da matéria ser irresistível para eles. Esses seres são os que nascem em ambientes muito distantes da luz, mas que, através de experiências muitas vezes difíceis e dolorosas, começam a desapegar-se dessa baixa vibração e a abrir a sua consciência. Volta-se a lhes dizer que os momentos atuais são de purificação e que a todos os seres que não conhecem a luz foi dada a oportunidade de exprimir-se na matéria para que possam aproveitar a aceleração do planeta e consigam elevar-se ao plano de consciência seguinte.

Estamos vivendo a mudança de era que levará a humanidade do planeta Terra a abrir-se à consciência de quarta dimensão em que não haverá maldade nem egoísmo e em que a vida será completamente nova.

Essa mudança de dimensão ocorrerá em muito, muitíssimo tempo em termos terrenos, mas começará a ser gerada nas próximas gerações.

Entre a vida e a morte não há nenhuma barreira: uma é continuação da outra numa mesma linha energética. Tudo é energia que vibra em diferentes freqüências, e aquilo que no mundo físico é entendido por "vida" não é senão uma etapa no longo caminho da evolução. Quando nos encontramos nessa etapa, cremos ser ela a única ou a mais importante; ela tem sua importância, mas não passa de uma dentre muitas experiências do nosso poder criativo.

Vem-se ao mundo físico para aprender e superar a si mesmo, mas o verdadeiro mundo é o espiritual, já que nele se prepara conscientemente toda a experiência que se levará a efeito na vida física. Fazem-se no mundo espiritual os planos que se aceitam anteriormente de acordo com as lições que o ser se propõe a aprender. Se às vezes não se completar o plano previsto, organiza-se uma nova experiência para levar a termo o que ficou pendente.

Isso sugere que o nosso livre-arbítrio se faz muito mais presente antes de se encarnar no mundo físico, visto que se escolhem voluntariamente todas as circunstâncias em termos de família, de país e de meio socioeconômico, bem como as tristezas e alegrias pelas quais se há de passar com o objetivo de aprender com tudo isso. A maneira de se aproveitar ou não todas essas oportunidades é o que fica, no plano físico, a cargo da nossa livre decisão de agir.

Enquanto se está no chamado *bardo*, que é o intervalo entre encarnações, muitas são as atividades a que se dedicam as almas. Elas se estendem do sono reparador, que pode durar séculos do tempo terrestre e que é necessário para retirar a negatividade daqueles que se envolveram em muita escuridão durante a sua passagem pela Terra, a — como se diz — estudar os mistérios e as leis do cosmos, ou prestar serviço de ajuda aos encarnados e aos recém-chegados ao mundo espiritual.

A vida aí é uma continuação da vida na Terra. Mais do que isso, é um fac-símile da verdadeira. Aí existem hierarquias, mas não baseadas no poder, e sim na freqüência vibratória. Ninguém procura superar os outros; as hierarquias são perfeitamente respeitadas, pois provêm da quantidade de luz que emana de cada um desses seres.

Muitos foram os estudiosos do intervalo entre vidas, como a doutora Helen Wambach, psicóloga clínica de San Francisco; Edith Fiore, hipnoterapeuta da Califórnia; e o doutor Joel Whitton, psiquiatra de Toronto, Canadá, entre outros, que obtiveram informações muito interessantes. Todos esses médicos levam seus pacientes a um estado de hipnose em que viajam pela terra de ninguém da morte, e seus relatos nos trazem a mensagem de que a vida depois da morte é a mesma de antes de nascer, que todos passamos por ela múltiplas vezes e que ela nos é tão familiar como a do plano terrestre.

O doutor Whitton afirma em seu livro *La vida entre las vidas* que seus pacientes, cuja formação religiosa é tão variada quanto seus preconceitos iniciais a favor ou contra a reencarnação, atestaram de maneira coerente que o renascimento é fundamental no processo de evolução em que estamos. Todas as pesquisas mencionadas coincidem basicamente com o que recebemos por meio das nossas comunicações.

Antes de se iniciar uma nova experiência na Terra, planejamos a vida futura, em geral assistidos por seres mais evoluídos que nos ajudam a tomar as decisões pertinentes.

Citamos como exemplo o caso de um dos pacientes do doutor Whitton:

Escolhi minha mãe sabendo que em sua família havia uma alta incidência do Mal de Alzheimer e que era muito provável que eu chegasse a padecer dele. Mas os laços kármicos com minha mãe eram muito mais importantes do que essa deficiência genética. Havia também outra razão para eu escolher minha mãe. Os guias me disseram que me convinha passar pela experiência de crescer sem pai e eu sabia que meus pais logo se divorciariam. Sabia também que a escolha desses pais me deixava no lugar ideal para conhecer o homem com quem estava destinada a me casar.

E outro caso, o de uma mulher que contou que seria vulnerável a uma tragédia pessoal que lhe mudaria muito a vida:

Meu plano era que um acontecimento trágico faria modificar toda a minha alma quando eu tivesse pouco mais de 30 anos. Quando me con-

centrasse nesse acontecimento, eu iria encontrar um sentido mais profundo para a minha vida. E foi isso exatamente o que aconteceu.

Como exemplo da ajuda de nossos guias e mestres na organização de circunstâncias, podemos pensar numa pessoa que escolheu de antemão o desapego material nesta vida como estímulo para o seu crescimento. Depois de passar por múltiplas dificuldades econômicas ao longo de toda a vida, ela se apega a certas coisas materiais. Então apresenta-se a ela a situação em que o marido perde o emprego e, agora sim, para superar a dificuldade, ela precisa vender aquilo a que estava fortemente apegada. Como não lhe tinham servido suficientemente os primeiros estímulos menos graves para entender o desapego, nossos guias ajudam a que se apresente uma situação mais radical.

É preciso desenvolver muito trabalho interior para aceitar a vida como ela se apresenta a nós. Muita elevação de espírito para entender que TUDO ESTÁ BEM como vai acontecendo e, sobretudo, para deixar de lado o controle que nos faz viver na falácia de acreditar que somos senhores do nosso destino e do destino de quem nos rodeia. Somos senhores do nosso destino a partir de outra dimensão, já que escolhemos de antemão as circunstâncias que servirão para o nosso despertar. Contudo, no estado de consciência tridimensional, nós nos esquecemos disso e queremos mudar tudo. É aí que não somos senhores dos acontecimentos como gostaríamos de ser. É claro que é possível modificar certas circunstâncias com o poder de mente, mas se isso se opuser ao que nos servirá no nosso aprendizado, estaremos criando outra circunstância que será tão desagradável quanto a que quisemos mudar.

Quando se diz que tudo está bem, quer-se dizer que tudo o que nos acontece está projetado para o nosso crescimento espiritual e tem este como seu único objetivo. Por mais difíceis que possam parecer as provas, estaremos em harmonia com a vontade de Deus se as aceitarmos como um meio de aprendizagem.

A mudança de era tem a ver com uma mudança interior no homem, na qual nossos comportamentos serão regidos pelo amor e não pelo medo. O homem, por ter perdido o sentimento de unidade com o Todo, guia-se pelo medo de sentir-se separado e baseia praticamente todas as suas atitudes no desejo de controlar e de se sobressair, já que é isso que lhe dá a sensação de segurança. Todo comportamento egocêntrico gira em torno do medo e da vulnerabilidade que sentimos. Procura-se fazer que, através de nossas experiências na vida, pouco a pouco destruamos a ilusão da separatividade abandonando-nos ao fluir da vida, com a rédea mais solta, com a segurança de que estamos sendo guiados pelo nosso ser interior.

Portanto, dirijamos nosso olhar ao crescimento interior e renunciemos ao controle da nossa vida e da vida dos outros. Não se pode viver controlando tudo o que acontece e obrigando a vida a seguir os passos que achamos que devemos dar. Aceitemos as circunstâncias tal como se apresentam; isso não quer dizer que não devamos agir, mas quando se age e se obtêm resultados que não são do nosso agrado, não devemos tentar mudá-los todas as vezes. Por algum motivo eles se apresentaram assim a nós.

O desejo de sempre ser superior aos outros é um comportamento muito comum dos seres humanos. Incomoda-nos o fato de alguém fazer as coisas melhor do que nós e ter mais sucesso. Melhorar nossas atitudes, dar o máximo do nosso esforço, é o que deve importar, sem que vejamos se o fazemos melhor ou pior do que os outros. Cada qual tem dons diferentes a desenvolver e não podemos acrescentar aqueles que não possuímos. Portanto, deixemos de olhar o verde da grama do vizinho e empenhemo-nos em fazer reverdecer a nossa. Ele talvez tenha árvores frutíferas e flores diferentes das nossas, que requerem outros cuidados para seu crescimento. Escolhamos o que fará florescer o nosso próprio jardim.

O Altíssimo compreende tudo, aceita todos os nossos erros, sem que por isso diminua o seu amor por nós, porque o Seu amor é o amor perfeito. Se queremos nos aproximar Dele, devemos aprender a amar dessa maneira. O problema é que recusamos tudo o que se opõe ao nosso conceito muito pessoal de ver a vida e, como cada pessoa é diferente das outras, não é fácil que o que os outros fazem sempre nos pareça bom. Aprendamos a conviver em harmonia com seres que não atendem às nossas expectativas. Aceitemo-los como são e elevemos a nossa vibração quando as suas atitudes não nos agradarem, vendo em seu agir a sua forma de enfrentar a vida, forma que é diferente da nossa. Quando se consegue aceitar assim os outros, consegue-se uma enorme harmonia e paz interior, que é onde está a verdadeira felicidade.

Usamos o nosso poder criador para criar diferentes realidades e exprimir-nos nelas. Quando chegamos à realidade da matéria física, a energia criadora se adensa de tal maneira que perdemos o contato com as outras dimensões e ficamos presos a esta.

Considera-se que este mundo tridimensional é ilusório por ser ele apenas um experimento da nossa criatividade: sua existência não é eterna, mas perecível. Terminada a experiência desta dimensão, este mundo material se reintegrará à sua origem, assim como todas as consciências que o habitam. Fala-se da respiração de Brahma, da involução e da evolução da consciência, e é essa emanação de nosso Criador seguida da absorção Nele de todo o criado o que corresponde à ilusão, já que a sua existência é efêmera, não é eterna. Embora não nos pareça, ela é, do ponto de vista da eternidade, um mero suspiro.

O comportamento separatista e egocêntrico que se teve durante a experiência tridimensional vai se diluindo à medida que vamos compreendendo que não somos separados; e para isso contribuem as vivências dolorosas que se têm no mundo físico.

Costuma-se afirmar que a dor acelera as vibrações e abre a consciência. Por quê? A dor é o estímulo que nos impele a encontrar outros conceitos, outras soluções e, por isso, nos ajuda a sair da ilusão. Sem ela, ficaríamos paralisados na experiência do mundo físico. Outro propósito da dor é criar o prazer: se não se teve uma dor precedente, o prazer não é perceptível. Desse modo, a dor tem um duplo objetivo: criar o prazer mas também, quando este já se desgasta, estimular o ser humano a buscar outras soluções mais elevadas do que o simples prazer material.

A experiência que nos cabe viver é escolhida por nós de antemão, de acordo com um plano determinado, com o fim de aprendermos certas virtudes. Mesmo que não a aproveitemos como nos havíamos proposto antes de empreender a aventura no mundo físico, de qualquer maneira se aprende. Damos aqui o testemunho de uma alma que quis compartilhar suas experiências, que podem nos servir de exemplo.

Fui muito mimado pela vida porque escolhi isso com o fim de dar aos outros o que eles não tinham. Eu o fiz, mas não suficientemente; a razão foi que o meu egoísmo tomou conta de mim. Quando se tem muito na vida, não se deve usar tudo de forma exclusiva para si, mas compartilhá-lo com quem necessita. Nunca é suficiente o que damos porque aquele que dá recebe e se, como se diz, somos vasilhas cheias, devemos dar aquilo que nos foi dado. E foi isso o que eu não compreendi; eu acreditava que tudo o que eu tinha eu merecia e que eu era o senhor do destino dos que me cercavam.

Agora eu sei que não é assim: tudo nos é dado com o objetivo de ajudar os necessitados, de difundir a palavra do Criador e de dar saúde moral e física ao doentes. Isso não quer dizer que não devamos fruir os bens que nos são outorgados; pelo contrário, somos felicidade em essência. Desse modo, se agirmos em harmonia com a vida, vamos obter a felicidade. No fato de dar está a verdadeira felicidade.

O meu comportamento foi muito egocêntrico; nunca levei em conta a opinião de meus subordinados, fossem membros da família ou empregados. Eu achava que a minha opinião devia prevalecer e ser respeitada sem oposição. Muito sofrimento me causou esse comportamento, visto que aqui se compreende que nunca se deve agir contra o livre-arbítrio de ninguém.

Digo estas coisas para que fiquem como exemplo e dêem testemunho daquilo que não se deve fazer. Quando se está neste plano maravilhoso, compreende-se com clareza impressionante o que é a vida. Ela serve para crescermos no plano espiritual, para sermos cada dia mais fortes e, ao mesmo tempo, mais humildes e amorosos.

Quando nos rebelamos com relação ao que nos cabe viver, é preciso entender que tudo que acontece neste mundo tem o fim de aprendermos a nos desapegar do plano terrestre e a nos fortalecer espiritualmente. A dor é o aguilhão do avanço espiritual, e quanto mais a aceitamos, maior a espiritualidade que conseguimos alcançar. Isso não apenas promove a evolução, mas é bom com relação à própria dor, pois quando há aceitação das circunstâncias em que se vive, a dor se atenua e chega até a desaparecer. É-me dada a oportunidade de me comunicar com esse plano; assim, transmito a vocês o pouco que sei. A única coisa boa na vida é agir com amor e generosidade. Nossas ações egoístas são pagas com grande desassossego quando se chega aqui. Em nome do Criador, digo-lhes que, enquanto a nossa mente estiver voltada para as satisfações materiais, nunca alcançaremos a felicidade. Quem dera eu tivesse ouvido essas coisas durante a minha vida aí. Elas nos são ditas, mas de maneira superficial e que não convence.

Todas as experiências que temos durante a vida são enfocadas quando se desperta a consciência. Cada morte, tanto para o que passa pelo processo como para os que ficam, tem implícito um ensinamento.

Eu vivia apegado a tudo o que a vida oferece

Quando morreu, Felipe estava na plenitude de sua vida afetiva e profissional. Depois de tratar durante anos de uma esposa gravemente doente, e depois de uma viuvez solitária, encontrara amor e companhia em sua nova mulher, Emma. Para ela, esse casamento feliz e harmonioso também vinha compensar tempos tristes, abandono, conflitos com o primeiro marido. Pouco antes de ele morrer, encontramo-nos com Felipe numa reunião social. Tocou-se no tema da morte, possibilidade que ele nunca quis enfrentar, apesar de ter estado muito perto dela.

Pouco tempo depois, soubemos de sua morte. Quando estávamos pensando nele, Felipe se manifestou através de Carmen. Dizem os nossos guias que, quando pensamos em alguém, o contato é fácil como se se falasse por telefone. No caso de Felipe, embora ele não nos tenha conhecido bem, seu desejo de comunicar-se era tão grande que ele atendeu a essa ligação metafórica.

— *Nosso encontro não foi casual, e agora percebo que me foi dada a oportunidade de conhecê-las em função da futura ajuda que eu obteria de vocês. Meu desespero não tem limites, já que eu não queria nem estava preparado para deixar esse mundo. Eu encontrara finalmente uma companheira que me amava e que é boa, e meus negócios não iam mal, apesar da crise. Quando vocês tocaram no tema da morte, não gostei, pois não queria nem ouvir falar disso. Eu vivia apegado a tudo o que a vida oferece e via a morte como algo distante e improvável. Ela caiu abruptamente sobre mim sem aviso prévio no melhor momento da minha vida. Isso é uma coisa muito cruel e eu não aceito. Não sei se existe um Deus, mas não entendo por que ele dá a vida para tirá-la depois.*

Dissemos-lhe que já não lhe cabia estar aqui, que Deus não nos tira a vida, mas nos permite estar neste mundo o tempo necessário para o nosso aprendizado. Quando a vida termina aqui, começa em outro plano, e é quando devemos deixar este corpo. Como sempre, aconselhamos a ele que confiasse e que caminhasse na direção da luz.

— *Não quero ver nenhuma luz; só quero voltar ao lugar em que fui feliz e não sei como fazê-lo.*

— Esta vida não é a verdadeira — respondemos. — É simplesmente uma escola. Está à sua espera um mundo maravilhoso em que reinam a verdadeira felicidade, o amor e a fraternidade, bastando que você deseje ir para ele.

— *Vocês me dizem coisas muito bonitas mas irreais. Se isso fosse verdade, eu já estaria vendo esse mundo maravilhoso de que me falam. Não desejo ver a luz, que não existe. Obrigado pela sua boa intenção, mas é em vão. Adeus.*

Dias mais tarde, ele voltou a comunicar-se nos seguintes termos:

— *Não entendo o que me acontece quando sinto vocês. Recebo claramente seus pensamentos de amizade tentando ajudar. Com muito pesar lhes digo que não creio na existência da luz: aqui não há nenhuma luz, só frio e escuridão, ainda que quando vocês me mandam pensamentos de amor eu sinta alívio. Sinto-me muito só, não vejo ninguém, apenas névoa e escuridão. Às vezes consigo entrever o que acabo de deixar: aparece diante de mim aquilo que já não posso ter, e isso me entristece profundamente.*

Vocês me dizem que há alguma coisa diferente e melhor do que aquilo que deixei. Onde? Eu não vejo. Sinto calor quando vocês me falam e isso me consola. Continuem a mandar isso que chamam de amor, e talvez eu perceba que existe algo além deste calabouço frio e lúgubre.

— Esse consolo que você experimenta ao sentir o nosso amor serve para que você compreenda que isso, multiplicado, é o que você vai encontrar na luz.

Felipe queria acreditar em nós, mas ao pensar em sua mulher se retraía de novo. Ele pedia para vê-la acompanhando-nos em nosso esforço para libertá-lo. Esse não era um desejo fácil de atender porque Emma, como tantas outras pessoas, tinha dificuldades para acreditar na morte como uma simples passagem a outro nível, bem como na comunicação com os mortos.

— *É verdade: ninguém acredita nessas coisas enquanto está na Terra. Eu não ficava pensando o que aconteceria depois da morte. Nós nos consideramos eternos e para nós a morte é algo em que não se tem de pensar.*

— Somos de fato eternos: você já está percebendo que a morte não existe.

— *Vocês me dizem que somos eternos e começo a entender, porque continuo vivo. Se Emma me dissesse isso, eu acreditaria nela.*

Jocelyn enviara a Emma o livro de Carmen *El camino de regreso*, recomendando-lhe que lesse o capítulo sobre a morte. Soubemos por uma amiga comum que Emma considerava aquilo uma coisa irreal e fantasiosa e não queria lê-lo. Essa informação nos desanimou de lhe pedir que nos acompanhasse nas comunicações com Felipe.

Entretanto, na semana seguinte, antes da nossa reunião, Emma telefonou para Carmen e pediu para vê-la. Essa amiga lhe falara sobre a nossa comunicação com o seu marido, o que a convenceu de que talvez houvesse alguma coisa real e de que valeria a pena explorá-la. Nós a convidamos para assistir à reunião.

Durante todos esses dias, enviamos luz a Felipe, e nessa reunião ele se comunicou de novo através de Teresina:

— *Tenho uma opressão no peito que não me permite falar.* (Felipe morrera de um ataque cardíaco.) *Há aqui muitos seres que me ajudam.*

Não quero ir ao encontro de vocês porque Emma não está. Ela me prometeu vir mas não quer.

Realmente, o tempo passava e Emma não aparecia. Mais tarde, quando chegou, ela nos confessou suas dúvidas, suas tentativas de se justificar, como a falta de tempo. Nossos guias nos informaram que Felipe estava rodeado de seres que tentavam ajudá-lo, mas ele não queria ouvir nada que não se referisse ao mundo que acabara de deixar e à sua esposa. Concordara em nos ouvir sempre e quando Emma estivesse, mas não a vendo, regressou ao lugar em que se obstinava em vivenciar as mesmas sensações do seu corpo ao morrer, porque aí estava a sua mente. Graças à luz que lhe enviamos constantemente, concordou em comunicar-se conosco.

— Por que você se fecha nessa dor voluntária? — dissemos. — Acredite em nós, há um mundo maravilhoso à sua espera.

— *Eu não acredito em vocês, isso não é verdade.*

— Você está preso em si mesmo. Sua dor está na sua mente. Por que você não busca a luz?

— *Há muitos fios que me prendem a este mundo. Não acertei os papéis do banco. Preocupo-me com meu filho; nunca fomos amigos, sempre fui uma autoridade para ele. Por que Emma não veio, por que ela se afasta?*

Nossos guias nos informaram que a dor no peito desaparecia.

— *Há algo que não entendo: vejo esferas de luz que me cercam e me conduzem.*

— São os seres de luz que o cercam. Deixe-se levar por eles.

— *Eles me elevam a um túnel. Tenho medo. Tudo é amarelo e não sinto o chão. Os fios me prendem.* (Os fios a que se referia eram seus apegos mentais a tudo o que deixara, apegos tão fortes que tinham se materializado em cordas que o prendiam.)

Chegou uma mensagem de nossos guias:

— Estamos ajudando-o a partir. Ele precisa que vocês o impulsionem com luz rosada. Seu calor e segurança lhe permitem avançar; ele já começa a se desprender.

Emma chegou nesse momento e, convencida pelas palavras de Felipe, que nós não podíamos inventar, se juntou a nós em nossa intenção de enviar-lhe luz. Pouco depois, recebemos a última mensagem:

— *É grande o seu prazer em ver Emma. Ele já saiu do seu fechamento e começou a caminhar rumo à luz. Deteve-se momentaneamente porque quer dizer à esposa o quanto a ama e pedir-lhe perdão por não ter organizado melhor seus assuntos. Ela deve perdoá-lo e compreender que essa é a experiência que lhe cabe viver... Ele já se dirige para o túnel, onde é possível ajudá-lo melhor... Já se libertou: não se preocupem com ele.*

Emma estava tendo muita dificuldade para aceitar a ausência de Felipe; sentia-se desamparada, porque ele a protegia e lhe assegurava que nunca a abandonaria. Meses depois nos encontramos com ela, que nos disse que o via muito em sonhos. Recebemos a seguinte mensagem:

— *Amada Emma, não se revolte contra aquilo que você mesma escolheu antes de encarnar: o desapego afetivo. Sua vida é o meio de aprendê-lo. Embora doloroso, esse é o estímulo de que você precisava para se desapegar dos afetos humanos que a fizeram voltar mais de uma vez ao mundo tridimensional. Se você conseguir vencer essa prova, esse problema chegará ao fim. Saiba que Felipe já se encontra na luz e que as visitas que faz a você durante o sonho, no plano em que estão os encarnados, têm por fim fazê-la compreender isso. Ele a ama da mesma maneira, e até mais, porém espera que você supere essa prova, assim como espera reencontrá-la aqui com um novo amor, não mais possessivo mas universal.*

Não posso abandonar os meus queridos objetos

Tudo começou quando ela era muito pequena; sua avó lhe deu de presente um antigo conjunto de xícara e pires de porcelana. A idéia era que o usasse, mas a advertência materna — "é muito fino e muito frágil, cuide dele" — a fez guardá-lo. A xícara, com suas diminutas flores azuis na borda, a asa tão elegante, a qualidade translúcida do pires, a fascinavam. Não era comum tanto cuidado vindo de uma menina, e logo as tias se juntavam ao coro familiar: Adela é uma menina muito madura, de gostos requintados. Mais um conjunto de xícara e pires, um pequeno vaso para sua antecâmara; já adolescente, o conjunto de chá, para quando você se casar, para a sua coleção... Nunca ela perguntou a si mesma se essa predileção era real ou se não passava de uma postura assumida. Quando se casou, as peças de Adela enchiam vários armários, e o marido, orgulhoso, deu continuidade à tradição. A moça, que a princípio apreciava o contato com a superfície suave das peças, com o desenho, com as combinações, tornou-se obsessiva. Jarros, pratos, peças únicas foram adornando os armários. Assim como outras pessoas colecionavam jóias ou selos postais, Adela percorria lojas de antigüidades e estabelecimentos especializados para descobrir mais um objeto, cada vez mais exclusivo, mais caro. O prazer estético cedeu lugar ao prazer da posse. A coleção crescia e, com ela, a angústia de Adela. As jóias são postas no seguro, os selos são protegidos em álbuns adequados. A porcelana deve parte do seu encanto à sua fragilidade, sendo sua condição mais vulnerável em mãos menos cuidadosas. Ninguém podia abrir as portas de cristal chanfrado das cristaleiras para tocar seu precioso conteúdo.

Juan Carlos cresceu numa espécie de museu improvisado. As primeiras advertências foram: "Não as toque, elas quebram." A primeira reprimenda descomunal ocorreu quando, ao entrar correndo na sala, o menino tropeçou na mesa de chá e causou uma catástrofe: o açucareiro grande, cheio até a borda de quadradinhos multicoloridos, balançou entre as xícaras e se despedaçou, despejando seu conteúdo no sapato das convidadas. A repreensão foi terrível, mas pior foi o grito da mãe e as lágrimas que esta não pôde evitar. Ele também chorou, com soluços de incompreensão quanto à magnitude do crime cometido. Juan foi devidamente consolado e severamente advertido: "Tenha cuidado, não corra na casa, não se aproxime, não toque, não seja brusco."

Talvez por alguma misteriosa razão do inconsciente, Juan Carlos se casou com uma mulher oposta à mãe: Yolanda era prática, interessada em fazer e não em ter, e Juan Carlos finalmente se viu livre numa casa em que os objetos podiam ser usados sem culpa. Quando Adela morreu, não pôde ser evitado que sua coleção ficasse com seu filho único. Yolanda, aterrada com a avalanche de cristais que ameaçava cair sobre ela, sugeriu vendê-la, doá-la, enfim, usar de qualquer meio razoável para livrar-se do incômodo presente. Para sua surpresa, Juan Carlos, que ela ouvira a vida inteira zombar das obsessões maternas, se opôs — por afeto filial, por sentimento de culpa, por qualquer razão —, e as caixas encheram o chão da casa enquanto esperavam os armários feitos sob medida para acomodar seu conteúdo. Yolanda detestou o aspecto das paredes, antes tão elegantes em sua simplicidade moderna e, agora, lugar de exposição de um barroquismo antiquado para o seu gosto. Preferia passar longe, sem olhar, e uma sensação incômoda a atingia cada vez que, sem querer, seus olhos deparavam com os objetos em seu cárcere de madeira e de vidro. Logo esse incômodo começou a estender-se a outros membros da família: as empregadas inventavam mil pretextos e deixavam que a poeira se acumulasse sobre os móveis; sua filha, que desde pequena fizera da mesa da sala de jantar seu escritório particular, a procurava com olhos assustados e reclamações incompreensíveis: "Mamá, vovó não me deixa fazer a tarefa." Yolanda atribuía isso ao impacto da morte sobre a imaginação infantil, mas a menina insistia: "Eu a sinto atrás de mim, mamãe, sinto-a olhando para mim, posso sentir o seu perfume." Yolanda, tão pragmática, nos procurou por intermédio de uma amiga.

O dia da nossa visita amanheceu escuro e chuvoso. O vento açoitava as árvores do jardim. Chegamos cedo e fomos para a sala esperar Yolanda. Ficamos surpresas, porque a temperatura não melhorara no interior da casa, e percebemos que as janelas, todas abertas, deixavam que o frio entrasse. Nesse momento, Yolanda chegou e lhe pedimos que as fechasse: estávamos congelando. "Perdoem-me", disse ela, "esta casa parece uma geladeira, mas é que Dora, a cozinheira, fica abrindo tudo. Diz que desse modo os espíritos da noite saem". Ela nos explicou o que acontecia e compreendemos que na casa havia uma presença.

Carmen começou a receber mensagens:

— Dizem-me que já não devo estar aqui. Para onde devo ir, se os meus queridos objetos, que com tanto trabalho juntei, estão aqui? O fato de estar num lugar em que só há escuridão e de onde só posso ver aquilo que deixei me desespera. Quando se está no mundo, dizem que depois da morte existe o céu ou o inferno, mas isso está errado: o que existe é o nada, esta escuridão em que não encontro ninguém e a saudade das coisas que deixei. Se quiser, posso ver esse mundo, mas não posso me manifestar nele; ninguém me vê nem me escuta. Agora entendo que o lugar da morte é escuridão e solidão.

Como é comum nesses casos, explicamos a ela que deveria caminhar para a luz, que estava à sua espera uma vida maravilhosa, que o que a mantinha presa à escuridão era seu apego aos seus objetos, que agora não tinham nenhuma serventia para ela. Sempre dispomos do livre-arbítrio, e não somos obrigados a fazer nada que não queiramos. Se o nosso desejo for continuar a pensar naquilo que deixamos, isso mesmo nos impede de ver a luz que emana de Deus, que é amor e misericórdia. A única coisa que importa na vida é agir com amor.

— Como não ouvi nada disso durante a minha vida? Não compreendo como vocês sabem o que ninguém sabe e por que, se isso estiver correto, a religião não o ensina. Agir em termos do amor é difícil quando toda a vida se baseia no egoísmo; cada qual procura o seu próprio benefício, e quem não age assim é engolido. E agora vocês me dizem que o importante é o amor? Como posso mudar de uma hora para outra? ... Ver as nossas imperfeições não é agradável, e começo a perceber todas as minhas atitudes de falta de amor. Como vocês querem agora que eu me convença sem maiores esforços?

Continuamos a falar com ela e a lhe enviar energia amorosa, com o que, com o passar do tempo, ela foi se aproximando da luz que a atraía. Ela terminou por se desprender, dizendo-nos:

— Eu não entendia que o céu estava tão perto, mas agora eu o sei e o sinto. A morte não existe: ela equivale a ir para outra vida que dependa da nossa vontade. Nosso apego àquilo que deixamos nos aprisiona num espaço sombrio; e quando nos abrimos à luz, esta se faz. É maravilhoso, é amor, é paz.

Quando uma alma está apegada a um determinado lugar, basta falar-lhe com muito amor, convencê-la de que a misericórdia infinita do Criador e uma vida maravilhosa estão à sua espera, e ao mesmo tempo rezar para que essa energia a ajude a desapegar-se.

Algum tempo depois, Yolanda, agradecida, nos comunicou que a calma voltara ao lugar.

O proprietário

Paty procurara durante muito tempo a casa dos seus sonhos. Cada vez que estava a ponto de se decidir entrava em conflito: é muito grande ou muito pequena; não tem luz suficiente; quero um jardim para meus filhos, um escritório para meu marido... Enfim, nada a satisfazia. Certo dia, o corretor a levou a um clube de golfe num loteamento suburbano relativamente novo. Não muito tempo atrás, vacas pastavam onde agora extensões de grama rodeadas de árvores criavam a paisagem ideal para as casas distribuídas ao redor de um pequeno lago artificial. Paty ficou emocionada: era isso que ela queria; o verde e a paz do campo com as vantagens da cidade. Ela foi falar com o marido, Daniel. Ele teve algumas dúvidas: a casa parecia abandonada e precisava de consertos. Paty logo o convenceu: eu cuido de tudo, você vai ver. Ela trabalhou muito, levando parte do material e acompanhando os operários. Um deles, morador do local, lhe disse: "A senhora vai se mudar para uma casa assombrada; cuidado!" Ela não deu importância ao comentário. A família logo se instalou, e o marido a fez sentir-se orgulhosa de sua realização. Depois de muito tempo e esforço, a família finalmente tinha a casa desejada.

O prazer durou pouco. Nenhuma casa ideal seria capaz de compensar os problemas que se apresentaram. Os negócios de Daniel, até então prósperos, decaíram inesperadamente. Ele, tão empreendedor, se viu às voltas com um torvelinho: pedidos foram suspensos, uma auditoria descobriu decisões errôneas do seu administrador. Apesar das intermináveis horas que dedicou para salvar a empresa, ele teve de declarar falência. Deprimido, num estado de espírito sombrio, Daniel descuidou da família. Paty, preocupada, passava as noites em claro. Ela sentia que o relacionamento entre eles se deteriorava. A irritação do marido causava constantes conflitos entre eles. Ela logo passou também a se preocupar com sua estabilidade emocional. Em suas noites de insônia, ouvia gritos, uma voz de homem que vociferava de modo aterrador. Ela se levantava e ia procurar de onde vinham aqueles gritos, mas nada conseguia. Ela perguntou discretamente, mas ninguém mais da casa ouvira coisa alguma. Paty começou a descobrir um padrão aterrador: os gritos pareciam anunciar uma briga ou outra desgraça. Um dia seu filho mais velho foi a vítima, o que levou a gastos exorbitantes dadas as circunstâncias. Depois, a filha adoeceu; um vírus renitente, que a fez perder o ano escolar. Em outras ocasiões, Paty recebia notícias desagradáveis da família, ou ocorria algum grande desentendimento em seu relacionamento com Daniel.

Desesperada, Paty procurou por Carmen através de uma amiga comum e expôs a situação: não compreendia por que só ela ouvia os gritos. Carmen lhe explicou o motivo: ela por certo dispunha de faculdades mediúnicas que lhe permitiam a percepção de outros planos. Fomos à casa dela e realizamos o rito costumeiro: flores, velas, incenso. Quando tentamos usar o gravador para os cantos gregorianos, vimos que estava quebrado. Paty foi buscar o seu, e depois o dos filhos. Não conseguimos que nenhum deles funcionasse. Logo chegou até Carmen a primeira mensagem:

— *Esta é a minha casa, que me foi tomada por esses irritantes invasores que se apoderaram das minhas terras. Estou aqui desde que perdi o corpo. Vejo passar intrusos que se instalam no lugar que era propriedade minha. Não suporto isso e, assim, grito de desespero ao não saber o que fazer. Tudo está muito escuro e não sei para onde ir. Acompanham-me apenas outros seres que estão na mesma situação.*

Enviamos pensamentos de amor e exortamo-lo a buscar a luz.

— *Que luz? Não há nenhuma luz aqui! Vejo suas velas e vejo vocês rodeadas de luz. O que isso significa? Quem são vocês, que me trazem uma certa paz?*

Explicamos-lhe o motivo da nossa presença e da ajuda que poderíamos lhe dar.

— *Sinto-me muito bem quando vocês falam comigo; do mesmo modo, quando aquela que mora aqui reza, sinto calma e perco a vontade de prejudicá-la.*

Falamos-lhe da vida que o esperava e da maneira pela qual ele deveria buscá-la.

— *Nunca me falaram dessas coisas. A única coisa que eu soube fazer foi lutar pela terra; mas quando nos tiram o corpo isso de nada serve. Vocês me dizem para pedir luz a Deus, mas eu nunca acreditei nEle, e ainda não acredito.*

Insistimos nas nossas orações, em falar-lhe de Deus e enviar-lhe a luz rosada.

— *O nome de Deus é brilhante. Não sei por que, quando vocês pronunciam o Seu nome, vejo uma espécie de resplendor, o que me leva a crer que vocês têm alguma razão para isso. Pode ser que eu não mereça isso que vocês dizem que me espera. Na minha vida, fui muito fraco; só espalhei maldade à minha volta. Matei mais de um e creio que são eles que me cercam neste fosso negro em que só sinto ódio e rancor.*

Chegou-nos nesse momento uma mensagem dos nossos guias:

— *O verdadeiro amor é aquele que não julga, que se entrega à confiança em Deus, que perdoa a si e aos outros. A nossa essência é como a do nosso criador: é amor, misericórdia, harmonia, felicidade, e o nosso trabalho consiste em descobrir essa essência que habita em cada um de nós.*

Foram-nos necessárias várias sessões para convencê-lo. Sua mensagem final foi a seguinte:

— *Vou-me embora. Peço perdão à que mora aqui por todos os malefícios que lhe fiz. Agora, sem mim, sua casa ficará cheia da luz que vocês trouxeram.*

E assim foi: Paty nos confirmou depois.

Em todos esses trabalhos de ajuda aos que se acham apegados ao plano físico, temos recebido um grande apoio e orientações dos nossos guias. Podemos dar como exemplo a seguinte comunicação:

Como é que a alma, depois de ter vivido de maneira tão negativa, vai imediatamente para a luz?

É preciso entender que a luz é o nosso hábitat natural: dela saímos e a ela teremos de voltar. Se, durante a nossa experiência no mundo físico, nos envolvermos na escuridão, esta será transitória, já que pertence ao mundo ilusório do plano físico. Quando se volta ao mundo espiritual, se se tem o desejo de ver a luz, ela nos envolverá e a nossa consciência se abrirá a ela na medida da nossa evolução espiritual.

Não é preciso ser "bom" para estar no Criador, visto que, mesmo que se aja contra a harmonia universal, Sua vontade está por trás desse agir. No final, o ser regressará à sua origem, dado que o Seu plano é de tal maneira sábio que é projetado para fazer voltar ao redil o mais extraviado. Cada um que sai do caminho do amor volta a ele devido aos efeitos que esse desvio atrai para ele, efeitos que são concebidos de modo que sempre se termina por entender que o amor é o único caminho no qual encontramos a felicidade.

Nesta época, a cada dia há mais comunicação com o plano astral, havendo necessidade dos encarnados para impelir os que se encontram no Baixo Astral. Estando eles parados aí há muito tempo, fica cada vez mais difícil chegar até eles a partir daqui: eles não nos escutam. Em contrapartida, entram em contato com vocês com muita facilidade. Não vai ser fácil, pois são seres que permanecem séculos nesse estado; mas com amor, oração e paciência, eles vão conseguir.

Quatro

A reencarnação

O cultivo do exterior sem a compreensão do interior cria inevitavelmente os valores que levam o homem à destruição e ao sofrimento.

— KRISHNAMURTI

Se contemplarmos a criação, o fato de cada partícula de energia ir-se combinando até formar os diferentes tipos de matéria, o fato de as leis que regem o universo serem dotadas de profunda sabedoria, não poderemos deixar de concluir que tudo isso foi concebido por uma inteligência superior e que não pode ter surgido de forma espontânea. Existe uma ordem universal, o que dificilmente se pode negar, que tem de ser regida por algo que ainda nos é incompreensível, mas desde logo muito superior ao que podemos até mesmo imaginar.

Outra coisa evidente para o mais simples observador é o fato de que tudo evolui. Não sabemos em que direção, mas desde o começo do universo físico se vão formando diferentes gêneros de matéria que dão lugar aos corpos celestes e, num processo evolutivo, vai aparecendo aquilo que chamamos de vida, primeiro em forma vegetal e depois na forma animal, até chegar ao ser humano, que já possui uma consciência mais evoluída e é consciente de sua própria existência.

Assim, portanto, a evolução é incontestável; só não sabemos para onde se dirige nem qual é o futuro de toda essa criação. Os diferentes místicos da humanidade deram cada qual a sua versão, mas todos concordam que nos dirigimos para a nossa origem. Isso indica que aqueles que se têm dedicado a buscar no mundo espiritual encontram as mesmas respostas, claro está que cada um no seu nível de compreensão e interpretando-as de acordo com seu próprio critério; mas todos, em essência, falam da mesma coisa em diferentes versões.

Se falamos em evolução, deparamos com o tema da reencarnação, que alguns aceitam e outros não. E, dentre os que crêem nela, cada um lhe dá uma interpretação diferente. Qual delas é a verdadeira? Todas elas trazem parte da verdade; mas se, como dissemos, não podemos entender em toda a sua magnitude os mistérios da criação, o da reencarnação nos é, com maior razão, inacessível em todo o seu funcionamento. Não se pode entender com uma consciência de terceira dimensão um processo que compreende as sete dimensões.

À medida que abrirmos nossa consciência a outros planos, iremos compreender melhor o processo criador, bem como a razão dos diferentes acontecimentos que se realizam ao longo da criação e da evolução do Universo.

Depois dessa lição ditada pelos mestres, abordaremos o controvertido tema da reencarnação. Essa doutrina ensina que o homem nasce repetidas vezes na Terra até conseguir conscientizar-se de seu caráter divino. Trata-se de teoria muito antiga, mas que até agora tem sido abordada de maneira secreta. Só os grandes iniciados das diferentes religiões a conheciam, já que antigamente a consciência da humanidade não estava preparada para entendê-la corretamente.

Embora várias religiões do Oriente, como o hinduísmo e o budismo, ensinem a doutrina da reencarnação, as religiões ocidentais de modo geral a negam. Não obstante, a teoria não é novidade no Ocidente: os antigos habitantes do norte da Europa estavam convencidos dela, o mesmo ocorrendo com os druidas, que tinham na reencarnação o ponto básico da sua religião. Para os gregos, o conceito de "educação" significava originalmente extrair algo daquilo que já se sabe. Platão dizia: "O conhecimento facilmente adquirido é aquele que se obteve numa vida anterior. Por isso, ele flui com facilidade."

No princípio, a religião cristã a aceitava, e alguns padres da Igreja primitiva, como Clemente de Alexandria, Orígenes e São Jerônimo, entre os mais importantes, acreditavam nela. No século IV d.C., o cristianismo foi institucionalizado como religião do Império. Foi então que surgiu a oposição à idéia do renascimento. No Concílio de Constantinopla, celebrado no ano 553 d.C., quando governava o imperador Justiniano, essa teoria pela primeira vez foi declarada heresia. O imperador promulgou sentenças formais contra a crença "da monstruosa repetição do nascimento". A partir de então, perseguiram-se os "hereges" (a etimologia da palavra "herege" a define como "capaz de escolher"), que sustentavam a crença naquilo que recebe o nome de "heresia de Orígenes". Isso provavelmente decorreu do pensamento segundo o qual a doutrina da reencarnação oferecia ao ser humano um lapso temporal e espacial demasiado amplo para impeli-lo a lutar pela sua salvação durante a sua vida imediata, razão pela qual se optou por dizer que só se tem uma oportunidade que vai decidir o futuro de toda a eternidade. Outro motivo provável é que, na nova aliança entre a Igreja e o Estado, era mais fácil manipular o povo com o medo do castigo caso não se seguissem as normas estabelecidas.

É possível que isso tenha sido necessário no seu momento, quando as consciências em estado primitivo não teriam feito esforços ao saber que havia muitas oportunidades; contudo, hoje a humanidade já está preparada para receber esses ensinamentos e aproveitar assim o curto período de uma vida terrena para aprender e superar a si mesma.

Todavia, tem havido ao longo da história grupos místicos que conservaram a crença na reencarnação, como é o caso dos cátaros, que foram perseguidos cruelmente no século XIII d.C. As perseguições sistemáticas a quem sustentava essa crença conseguiram erradicar essa idéia no Ocidente. Ainda assim, sempre restou uma luz acesa em diferentes grupos, como os alquimistas, os gnósticos, os rosacruzes, os teosofistas etc., os quais padeceram de um considerável desprestígio em decorrência dessa proscrição.

Não é necessário crer na reencarnação para avançar na evolução da consciência. Isso no entanto ajuda a explicar muitas coisas que num dado momento podem ser úteis para nós, como é compreender a razão de nossas diferenças de destino, de estado de consciência, de meio econômico, de sofrimentos. Poder-se-ia ter a impressão de que a vida se irrita com alguns, dando a todos os outros as satisfações materiais necessárias.

Como tudo tem sua razão de ser e nada surge ao acaso, esses elementos se explicam porque cada qual está num nível de consciência diferente, de um lado, e, por outro lado, trata-se de experiências que diferem umas das outras porque foram concebidas com um objetivo específico de aprendizagem de certas virtudes, bem como para desenvolver a criatividade presente no interior de cada um.

Nossa mente é criadora e cria os diferentes planos de consciência, incluindo aquele em que ora nos encontramos, o mesmo ocorrendo com cada momento da nossa vida. Como então criamos a dor, o sofrimento e o horror? É preciso ter a experiência desses sentimentos próprios do plano físico para fins de modelagem da nossa alma. A criação de um trabalho excelente de ourivesaria requer que se ponha o metal no fogo para moldá-lo e, assim, poder incrustar as pedras preciosas. Desse modo, nossa alma precisa conhecer a dor, o sofrimento, o vício e a virtude para ser completa em sua compreensão do que é a experiência do plano físico. Quem está e esteve nele resolveu experimentá-lo dessa maneira.

O problema é que nos envolvemos de tal modo em nossa própria criação que nos esquecemos de que se trata de uma ilusão a que nos apegamos e que recriamos repetidas vezes. Como tudo está conectado com uma sabedoria infinita, esse mesmo apego faz que, quando voltamos a nos expressar neste plano e em conseqüência da lei de causa e efeito, conhecida pelo nome de *karma*, venhamos cada vez numa nova forma, criando as circunstâncias necessárias para que a energia que somos se expresse com suficiente clareza e não necessite mais regressar a esta escola. Aceitar o karma é compreender que a injustiça não existe, que a desigualdade e a desgraça são estados do ser humano no seu processo de aprendizagem.

No plano físico, cada vida assemelha-se a um ciclo escolar, que foi projetado pelo nosso Eu superior para que nos superássemos e curássemos as distorções que temos provocado com o nosso modo de agir egocêntrico no curso do processo evolutivo. Antes de iniciar uma nova encarnação, escolhem-se as condições necessárias a aprender aquilo a que nos propomos na nossa próxima passagem pela Terra.

É importante mencionar que o karma não é castigo, como se costuma acreditar, mas uma oportunidade de repetir as aulas necessárias até aprender aquilo de que precisamos. Nessa escola, todos acabam sendo aprovados no exame. Não existe reprovação, mas sim a necessidade de revisar as lições o número de vezes que se precisar até que elas sejam assimiladas. Podemos freqüentar o número de aulas que quisermos e, quando tivermos compreendido, o Universo porá à prova o nosso entendimento. Essas provas às vezes parecem difíceis, mas trata-se do exame final da matéria em que terminaremos por ser aprovados.

Em cada encarnação, aceitamos o esquecimento momentâneo da nossa verdadeira origem para entrar na ilusão da matéria. É como se se fechasse uma cortina que nos separa do mundo espiritual. Esse esquecimento é necessário para que pratiquemos a fé, que não poderíamos aprender se tudo estivesse claro para nós. Em algumas ocasiões, a cortina se torna mais fina e permite que percebamos com mais clareza as verdades espirituais. Esses vislumbres de luz servem para confirmar a nossa fé, que não deve ser cega, porém nascer de uma compreensão profunda que vem da nossa sabedoria interior.

Vemos no mundo seres em níveis de evolução sobremodo diferentes entre si. Isso não quer dizer que uns sejam melhores do que outros, já que todos temos a mesma quantidade de luz. A diferença reside no grau até o qual cada um purificou o seu corpo mediante a desidentificação do ego. Cada qual segue uma aula diferente: alguns aprendem sobre o desapego ou a generosidade; outros só se preocupam com coisas materiais, e pensam no êxito e no reconhecimento, ao passo que os mais evoluídos estão aprendendo o não-julgamento e a aceitação de tudo o que acontece na experiência humana.

É preciso experimentar tudo: o agradável e o desagradável, uma vez que este último é que nos molda, que nos fortalece, sendo o prazer apenas um incentivo que nos permite continuar a luta e a superação.

Como podemos entender que todos sejam iguais quando uns agem no amor e na harmonia e outros escolhem agir contra si mesmos e contra os outros, prejudicando dessa maneira o próprio planeta? Podemos pensar isso em termos de "luz" e de "ausência de luz". Os que agem de maneira negativa, o fazem por estar vinculados a um corpo emocional e a um corpo mental cheios de sombras, isto é, em que reina o ego. Mas o ser interior dessas pessoas não é mau; é luz pura, que elas aprenderão a manifestar através de muitas lições. Não devemos julgar esses seres sem compreender que os seus atos nascem do medo e de uma profunda ignorância.

Todas as ações dos seres humanos estão inter-relacionadas e mesmo as mais desarmoniosas servem a quem delas padece para que se desapeguem deste plano, pratiquem a compaixão e o não-julgamento. Se não existissem essas pessoas que cruzam o nosso caminho, como então poderíamos praticar a aceitação e a caridade?

Tudo é ensinamento e sempre estamos exatamente onde temos de estar para aprender o que viemos aprender. Quanto mais atentos estivermos ao que nos diz a vida por meio das situações que se nos apresentam, bem como ao ir e vir dos nossos pensamentos e emoções, renunciando a julgar tudo o que acontece, tanto melhor entenderemos o verdadeiro sentido da nossa existência terrena.

Confiemos nesta experiência de vida que nos é oferecida, trabalhemos com amor, com valentia e com fé. Pratiquemos a compaixão com relação ao nosso próprio ser e aos outros e saibamos que somos amados para além da nossa compreensão. Nunca estamos sozinhos: a cada segundo da nossa vida contamos com o apoio dos nossos anjos, dos nossos mestres e dos nossos guias.

É preciso compreender que estamos num processo de evolução que nos levará de volta à nossa origem. Não importa a maneira como passamos por esse processo; o importante é o método a seguir, que se reduz a uma única palavra: AMOR.

Em cada uma de nossas manifestações neste plano, seguimos a lei do karma. Uma vez que as diversas lições tenham sido suficientemente compreendidas e se tenha esgotado o interesse pelas diferentes ilusões do plano tridimensional, o ser está pronto a passar à próxima etapa em seu caminho de evolução.

Cada vez que rompemos a harmonia universal, que é amor, com o nosso agir egocêntrico, é necessário algo que nos faça compreender que essa atitude é errônea. É isso o que se entende por karma ou lei de causa e efeito. Nesse caso, é-nos dada a oportunidade de passar por uma determinada experiência que nos ensine a forma correta de agir. As ações distorcidas repercutem em efeitos desarmoniosos que nos ensinam, quando suportamos essa desarmonia, que elas não eram o correto. Não se tem de entender isso como um ato punitivo do universo, mas como o simples efeito de nossas causas, que necessitam de correção para que se restabeleça o equilíbrio perdido.

Transmitimos a seguir a mensagem de uma alma que nos fala do além:

A vida no mundo espiritual é a verdadeira vida, e não se compreende isso enquanto se estiver imerso na matéria física.

O céu que as religiões pintam nada tem a ver com a realidade. Nosso bem-estar e nosso prazer são infinitos, abundantes a harmonia e o trabalho gratificante, não existindo nem a dor nem a desilusão. Como então podemos deixar isso para voltar a encarnar na Terra?

Nossa existência é maravilhosa, mas sempre está presente a atração da Fonte que nos deu a vida e a individualidade. Essa atração nos impele a avançar, e sabemos que não há melhor escola do que a vida no plano físico, pois temos de compreender o seu funcionamento de forma completa, isto é, cumpre passar por todas as experiências para merecer o plano seguinte, já que foi nossa vontade exprimir-nos no plano da matéria física e temos de esgotá-lo até já não desejar conhecer nada dele por já termos vivenciado tudo o que ele oferece. É trabalhoso, enquanto estamos lá, compreender como se pode desejar ir sofrer e passar por todo tipo de privações. Deve-se porém entender que o enfoque nesta dimensão é completamente diferente. O sofrimento e as privações nos ajudam a desapegar-nos do atrativo do plano terreno; e enquanto continuarmos a vibrar nessa intensidade, seremos irremediavelmente atraídos a voltar a ele. É por isso que se escolhe sofrer, pois isso eleva a vibração e nos ajuda a nos desapegar do plano em que nos vemos aprisionados se nos deixarmos levar por seus prazeres ilusórios e por seus falsos brilhos.

Ora, há momentos em que já não nos sentimos atraídos por esses falsos prazeres, por termos compreendido sua futilidade, mas em que necessitamos aprender a perdoar, a desenvolver a paciência e a humildade. Enquanto estamos aqui, onde tudo é harmonia, não percebemos que ainda não aprendemos a amar profundamente, que não sabemos ser generosos, que ainda não alcançamos a verdadeira humildade e que não dominamos a paciência. É preciso desenvolver todas as virtudes de maneira total, e como aqui se vive numa espécie de nuvem de bem-estar na qual não há necessidades físicas, também não temos a oportunidade de praticar todas essas virtudes. É aí que se aprende de fato, já que o ambiente é tão adverso que quando se consegue essa aprendizagem, ela é verdadeiramente profunda, sendo a única maneira de pôr à prova o nosso nível de evolução.

Que fique claro que aqui também se pode avançar na nossa evolução, mas há certas experiências, que só o mundo físico oferece, que nos ensinam as virtudes de modo rápido e profundo.

O sofrimento, ainda que não o aceitemos, acelera as vibrações e ajuda o desapego do mundo físico. Por que ele eleva a freqüência vibratória? O sofrimento é provocado por alguma coisa alheia ao nosso desejo de bem-estar, sendo este último que nos torna apegados a essa dimensão. O sofrimento, físico ou moral, nos coloca acima da vibração terrena porque se opõe a ela.

É certo que ele é parte da vida física, mas resulta precisamente das desarmonias provocadas nessa dimensão, que são efeitos tendentes a restabelecer o equilíbrio e que, portanto, são de vibração mais alta. É preciso, para opor resistência a um movimento no sentido desarmonioso, uma ener-

gia que restabeleça o equilíbrio e que vá no sentido oposto, isto é, que esse movimento, no caso da dor, traga uma carga positiva ou de harmonia.

A inexistência do espaço-tempo e o eu total

O processo de reencarnação é, do ponto de vista do mundo tridimensional — em que existe o tempo —, uma seqüência de acontecimentos. Nas dimensões superiores, contudo, esse conceito varia; nelas, não podemos falar de tempo mas de eternidade, sendo esta um contínuo presente em que tudo é simultâneo.

A reencarnação existe em termos do mundo físico, não existindo em termos do não-tempo. A entidade se manifesta simultaneamente através de suas diferentes personalidades nos diferentes momentos históricos. Para nós, que nos encontramos mergulhados no tempo, isso é difícil de captar, o que faz que se fale de reencarnação como as diferentes experiências do ser total, experiências que, todas elas, o ajudarão a vivenciar a aventura do mundo físico.

O espaço e o tempo são uma ilusão da terceira dimensão, mas na realidade não existem tal como os percebemos.

O não-espaço se reduz ao sentido de unidade. Se somos parte de um todo, esse todo está em nós. Ainda que a distância separe uma coisa da outra, o fato de haver unidade faz que não haja separação.

A distância não é uma realidade quando se eleva a consciência, já que essa barreira só existe no estado de consciência tridimensional em que o ser se retraiu em si mesmo voluntariamente, perdendo a consciência de unidade. Quando se sente separado, ele na verdade o está, e essas enormes distâncias intransponíveis são o resultado do seu estado de consciência. Esclarecendo: o Universo existe tal como o vemos, mas as distâncias não existiriam se pudéssemos ir a Vênus por meio do pensamento. É isso que fazem os seres que já se encontram noutra dimensão ou plano de consciência.

Nossa consciência existe desde o princípio dos tempos, visto que é uma partícula dessa fonte de energia poderosíssima que chamamos de Deus. O nosso Eu tem origem no momento em que Ele decidiu dar liberdade a essas partículas de si mesmo. Quando começa a experiência individual, a consciência individualizada principia a criar diferentes planos em que se exprimir, sendo o mundo físico um desses planos; ela deixa uma porção de sua própria consciência em cada um desses planos. O Eu que age na realidade física não é senão uma parte do nosso Eu total, que se expande e cresce com todas as experiências por que passa nas diversas realidades.

Não nos deve causar comoção saber que aquilo que cremos ser não se reduz à nossa consciência de terceira dimensão. Somos seres multidimensionais, e a parcela do Eu integral que age no mundo físico é só uma parte desse Eu. Nosso trabalho consiste em elevar a consciência deste plano, no qual não entendemos o que de fato somos, a fim de aumentar a nossa criatividade e agir com consciência das nossas diversas experiências. As outras facetas do Eu integral estão vivendo outras experiências em outras realidades, dando assim ao Absoluto sua contribuição de criatividade.

Causa muita inquietação afirmar que a reencarnação não existe quando se fala de evolução. Ela existe, mas não como sucessão de fatos no tempo. O tempo como tal não existe: a vida é contínua e tudo é vivenciado ao mesmo tempo. Entretanto, as diferentes experiências no mundo ilusório da matéria física ocorrem quando as vive o ser total em diferentes momentos dessa ilusão, mas de modo simultâneo.

Não conseguimos compreender a inexistência do tempo e a simultaneidade. Quando se fala de reencarnação, entendendo que uma mesma entidade viveu diversas experiências, quer-se dizer que o seu Eu total está vivenciando simultaneamente essas experiências, através de suas diferentes personalidades, nos diferentes momentos históricos. Quando se percebem essas outras vidas sob hipnose ou na meditação, isso ocorre provavelmente porque se está entrando em contato com o Eu total. Poderíamos imaginar isso como a cabeça de um polvo a que chegam as múltiplas vivências absorvidas pelos diferentes tentáculos, desejando ele passar por essas vivências a fim de experimentar em sua totalidade a ilusão do mundo físico.

Entende-se, pelos diversos tentáculos ou personalidades do Eu total, que o ser individualizado se desdobra simultaneamente em várias personalidades, personalidades que são ele mesmo, a fim de aprender e vivenciar tudo o que este mundo oferece. Quando se esgota o interesse pelo plano tridimensional, o Eu total se retrai para a dimensão seguinte, onde vai continuar a vivenciar o que ela oferece e, sucessivamente, ele vai resgatando suas diferentes personalidades até se tornar outra vez aquilo que era no princípio, uma luz que vai se reintegrar à fonte em que teve origem.

Não se deve considerar esse processo em termos de tempo, mas de movimento, já que o Criador se move e se expande continuamente, exprimindo-se através de suas criaturas como o grande maestro desse maravilhoso concerto da criação.

Sempre está presente a ordem divina que emana dEle, e mesmo na grande ilusão do mundo físico tudo o que acontece tem um propósito de ordem e de harmonia. Se a vida às vezes aparenta ser desarmoniosa, há necessariamente um contexto que levará de novo ao equilíbrio. As consciências individualizadas que são os seres humanos desejam vivenciar o desarmonioso, ou seja, a desunião, o não-amor; mas então a ordem divina se põe em marcha, e ela se encarrega de restabelecer o equilíbrio e a harmonia universal. Essa ordem divina é aquilo que se entende por karma.

Diz-se que a reencarnação não existe como sucessão de experiências em diferentes corpos e personalidades. Se enfocamos este tema com a consciência da inexistência do tempo e do espaço, a reencarnação de fato não existe. Mas como podemos compreender esse conceito enquanto estivermos mergulhados no plano regido pelo espaço-tempo? Isso equivale a pedir a uma formiga que contemple toda a paisagem a partir do solo.

Seria preciso entender que tudo existe ao mesmo tempo e que a mesma entidade vivencia as diferentes personalidades numa mesma linha de vida, isto é, que se é a mesma entidade com uma personalidade diferente, de acordo com a experiência que se necessita viver para aprender as diferentes virtudes que nos aproximam de Deus.

Como se pode, então, conjugar a reencarnação como sucessão de fatos com as diferentes experiências do ser que acontecem simultaneamente?

Se considerarmos o fato de que encarnamos num corpo de terceira dimensão e aceitamos de antemão a experiência que vamos vivenciar para a nossa abertura de consciência, vê-se implícito aí o conceito de tempo, já que uma coisa precede a outra. A coisa se passa de certa maneira assim, dado que se precisa de um processo para recuperar outra vez a consciência cósmica. Fala-se de involução e de evolução, de emanação e de absorção da energia divina, de afastar-se da Consciência Universal e voltar a unir-se com Ela. Se em tudo isso está implícito o fator tempo, então, como tudo pode ser simultâneo?

Entende-se a simultaneidade como movimento, e este, na eternidade, é como um presente contínuo, porque o passado continua a existir, da mesma maneira como o futuro já está determinado. Isso não é o mesmo que determinismo, porque o futuro existe como probabilidade, sendo a nossa decisão que faz que as circunstâncias se inclinem para um lado ou para o outro. Em outras palavras, se diante de uma circunstância tomamos uma dada decisão, esta vai produzir o efeito que já existe como probabilidade; mas, se tivéssemos optado pela decisão contrária, isso teria acarretado outro efeito, também ele determinado como possibilidade.

Não é fácil entender isso; mas é preciso compreender que não somos marionetes, que o nosso livre-arbítrio é um dom divino que exercemos continuamente. A vida é como um tecido: se optamos por um caminho, vão-se entretecendo os resultados dessa decisão, resultados esses que terminarão por levar à harmonia seguindo caminhos mais ou menos curtos ou diretos. Tudo isso implica sucessão de vidas na nossa consciência tridimensional, embora se trate de um Eu total que assume suas diferentes experiências através de suas diversas personalidades, como no exemplo do polvo com vários tentáculos. Se um tentáculo cria desarmonia, outro ao mesmo tempo se opõe a ele mediante outra vivência.

Enquanto se está mergulhado na matéria física, não se pode chegar à total compreensão desses conceitos tão abstratos, ainda que os possamos intuir, embora eles nos dêem a idéia da atemporalidade e da impermanência da vida.

Conceito de reencarnação na terceira dimensão

Já que com a nossa consciência tridimensional não conseguimos compreender a simultaneidade, e para que se entenda o processo da evolução, falaremos da reencarnação como uma sucessão de experiências no tempo.

Como foi vontade nossa expressar-nos no mundo da matéria, a fim de conhecer e dominar tudo o que este mundo oferece, teremos necessidade de experimentar múltiplas vivências. Estas nos farão exercer nossa capacidade criativa: elas são projetadas para que cresçamos e aprendamos a amar, para que nos desapeguemos do plano físico, para sermos humildes e, enfim, para adquirirmos todas as virtudes que nos levarão a manifestar a nossa essência.

Quando chegamos ao plano da matéria física, é como se criássemos o cenário de uma peça teatral de que desejamos ser os atores. É aí que o conceito ilusório assume sentido, visto tratar-se simplesmente de uma experiência criativa dos seres que habitam o mundo físico. Desse modo, o Criador se manifesta através das suas criaturas, mas guarda sempre para si a direção da peça, para que ela não se torne um caos por meio da lei de causa e efeito.

O ser humano precisa de muitas e muito variadas experiências para elevar o seu nível de consciência, que se acha adormecida depois de seu mergulho no plano físico. Neste, ele se envolve em todo tipo de distrações. Surge então o ego, que no princípio lhe é necessário para afirmar a sua individualidade, mas que a longo prazo se confunde com a separatividade. É aí que o ser começa a agir de forma discordante, criando as distorções que se transformarão em doenças da alma de difícil cura. Só se expulsam essas toxinas espirituais através de moléstias manifestadas no corpo físico. A dor que elas produzem leva as toxinas a se dissolver, com a compreensão do erro, com a tomada de consciência do padrão patológico e, por conseguinte, com sua cura.

Em muitos casos, são necessários fortes estímulos dolorosos para tomarmos consciência de que nossas atitudes são erradas. Repeti-las uma e outra vez não é grave, já que, quanto mais elaborada é a atitude distorcida, tanto mais profundamente a pessoa mergulha. Isso mesmo a levará a reagir num dado momento. São dadas a cada pessoa as oportunidades necessárias para corrigir o curso de sua vida. Têm-se em cada experiência no mundo físico diferentes opções. Se se escolher o caminho que nos submerge outra vez na vida distorcida, encontrar-se-á adiante outra circunstância que nos ajude na cura dessa distorção. Esses vícios de atitude passam muitas vezes de uma vida à outra, sendo ocasionalmente necessário cair até o fundo para que essa mesma enfermidade nos faça reagir.

Enquanto se está encarnado, é muito difícil perceber nossas distorções; mas, uma vez desprovidos do invólucro corporal, vê-se claramente o que está doente, escolhendo-se em função disso a nova experiência a fim de obter a cura.

Passar no exame significa sair vitorioso diante dos comportamentos que nos mantêm presos ao plano terrestre, algo que se consegue na medida em que nos desapegamos dos nossos desejos egoístas. Enquanto estivermos ocupados em nos sobressair, em possuir e em controlar, teremos dificuldades para passar no exame final tendo em vista que a vibração do plano físico nos atrairá irremediavelmente a voltar a ele. A nossa meta deve ser a felicidade para a qual fomos criados, o que se alcança vivendo em harmonia com o infinito.

Em todas as experiências por que passamos ao longo de nossas incontáveis reencarnações faz-se presente o livre-arbítrio. O momento que precede o início de uma nova experiência no plano físico é aquele em que mais o exercemos, estabelecendo as circunstâncias requeridas para desenvolver as tarefas que fixamos para nós.

Escolhemos de antemão as condições propícias à realização da nossa meta de aprendizagem: um veículo físico e até as pessoas com as quais vamos conviver. Estas últimas podem ser selecionadas porque tivemos vínculos com elas em experiências anteriores durante existências passadas, seja porque se têm assuntos pendentes ou porque se deseja trabalhar em conjunto com elas. A doutora Helen Wambach investigou inúmeros casos em que, através da hipnose, foram revividos os momentos anteriores à encarnação. Incluímos alguns deles, que aparecem em seu livro *La vida entre las vidas*.

— Quando me perguntaram sobre o propósito da minha vida atual, percebi que este consistia em estabelecer uma nova relação com as pessoas com as quais eu estava em dívida por causa de prejuízos que eu lhes causara em vidas anteriores. Agora, eu tenho perfeita consciência de que meu marido nesta vida de hoje é alcoólico, e entendo que devo ajudá-lo porque numa vida anterior me portei mal com ele.

— Minha mãe foi freira numa vida anterior e o meu pai, um jogador trapaceiro. Eu os escolhi para ter a experiência dos extremos, tendo-os ajudado a cumprir o seu destino, bem como o meu.

A vida no mundo espiritual é a verdadeira vida: não se compreende isso enquanto se está imerso na matéria física. Aceitam-se experiências na Terra para evoluir e obter sabedoria, mas é lá que se vive de verdade.

Apresentamos aqui uma pequena mensagem de pessoas que nos precederam no processo evolutivo:

Descemos voluntariamente ao mundo físico para ter a experiência com o material, mas nos envolvemos de maneira tal com essa experiência que esquecemos a nossa verdadeira identidade divina, o que faz a nossa mente ficar aprisionada no plano tridimensional.

Nosso pensamento ilimitado tornou-se limitado, e nós nos encarceramos voluntariamente na limitação da matéria física. O que nos resta fazer é tomar consciência da nossa divindade e nos libertar cada vez mais da nossa maneira limitada de pensar. Consegue-se isso meditando e desapegando-se deste plano em que o nosso coração está aprisionado.

Por que não podemos nos desapegar de nossos desejos de poder, de distinção, de reconhecimento? Por que não podemos nos desidentificar do nosso corpo, da nossa família, da nossa posição, das nossas posses? Tudo isso nos prende a esta limitação da matéria física, fazendo-nos voltar a ela repetidamente.

É oferecida agora a oportunidade da mudança, o momento propício para abrir a nossa consciência àquilo que realmente somos, à libertação da nossa limitação provocada pelo nosso pensamento, que só tem por foco este plano.

Repetimos, nós, seus irmãos mais velhos, que já nos libertamos, que isso não é difícil, bastando que se enfoque a atenção no ilimitado, deixando para trás esse plano do mundo físico em que já se esgotou tudo o que se pode experimentar. Quase todos vocês passaram por todas as experiências que este mundo oferece: poder, dor, enfermidade, prazer, riqueza, miséria, inteligência, tolice, todas elas com o objetivo de estimular sua criatividade, já que este mundo foi criado por nós e seu verdadeiro objetivo, que foi o de dar glória ao Criador, já foi obtido. Cabe-nos agora deixá-lo para trás, passar ao plano de consciência seguinte, onde a nossa criatividade encontrará motivações mais elevadas.

A nossa ajuda se tornará cada dia mais patente. Voltaremos a ver dor e angústia no mundo, mas esses estímulos são necessários para que se alcance o desapego desse plano. Uma nova era se avizinha; nela, a humanidade dará um passo adiante em sua evolução. Que o Criador esteja com vocês.

Relatamos o caso de duas pessoas que escolheram a doença como meio de aprendizagem.

Precisamos compreender que não fomos feitos para ser o centro das atenções

Quando estava com 39 anos de idade, Sofía começou a apresentar os sintomas de esclerose lateral amiotrófica, terrível doença que provoca uma paralisia progressiva que termina com a morte. Jovem esposa e mãe de dois filhos entrando na adolescência, no início foi-lhe muito difícil aceitar sua moléstia. Ela buscou por todos os meios a cura sem encontrá-la. Contudo, em vez de afundar-se na autocomiseração, Sofía chegou aos poucos ao entendimento de que a doença é uma oportunidade de crescimento, e que no perdão a si mesmo e aos outros se encontra a verdadeira cura. Ela aprendeu a ver a vida como uma aventura diferente, que não era nem melhor nem pior que as dos outros, mas simplesmente diferente, tendo mantido sempre a esperança. Tinha no entanto a convicção de que, ainda que seu corpo não ficasse curado, ela não teria perdido o seu tempo, pois se tornaria uma pessoa melhor, mais cheia de amor e de paz.

Durante os seis anos que sua enfermidade durou, e à medida que sua paralisia ia aumentando, Sofía se debateu entre a revolta que isso provocava e o seu desejo de aceitar as suas circunstâncias.

Para mim, a descoberta de que a minha doença podia ser uma oportunidade de crescimento foi um processo lento, tendo sido difícil permanecer nele. Ele foi, no entanto, uma escola de vida em que aprendi a buscar a paz interior, a viver no presente, deixando as culpas do passado e o temor do futuro, a não querer mudar os outros etc. — escrevia ela. E, adiante: *Sei que dentro de mim e de cada um de nós há um ser luminoso, pleno e inalterável, tendo-se apenas de aprender a enfocar essa realidade. Uma amiga disse que vivemos sintonizados em AM, vendo e julgando com os olhos do corpo, mas que podemos aprender a nos sintonizar em FM, e ver com os olhos do espírito e do coração, enfocando apenas essa parte luminosa. Não tenho dificuldade para me perceber como esse ser pleno e luminoso, mas quando me ouço falar ou quando desejo pegar algo que está nos meus joelhos e não posso, vejo que há uma parte de mim que desmorona. Creio todavia que a cura está mais perto do que acreditamos, talvez ao menos parte dela; ela está no nosso coração.*

Um ano antes da morte de Sofía, Jocelyn começou a visitá-la a fim de ajudá-la em seu processo de aceitação. Quando eu a conheci, duas semanas antes de sua morte, ela estava totalmente paralisada e impossibilitada de falar, mas a expressão dos seus olhos transmitiam uma grande paz. O que mais me impressionou foi a luz que emanava de sua pessoa. Reunimo-nos nesse dia com duas de suas amigas com o propósito de fazer uma meditação e mandar luz a Sofía. Quando estávamos fazendo isso, fomos envolvidas por uma onda de vibração amorosa que nos emocionou até as lágrimas, enquanto recebíamos a seguinte mensagem:

Bendito e louvado seja o Altíssimo, que nos permite dar consolo a quem sofre. Se lhe coube viver com grande sofrimento é porque ela assim o escolheu: desejou adiantar-se em sua evolução o máximo possível neste fim de era. Sua família aceitou vir com ela como estímulo que também os ajudaria a abrir a sua consciência.

Não se desespere: você precisa compreender que, se o seu veículo físico já não serve, sua alma está cada dia mais transparente, e o espírito se manifesta melhor dia após dia. É isso que você queria ao vir a esta experiência, e foi o que conseguiu. Nós a esperamos ansiosamente e faremos, à sua chegada, uma verdadeira festa de boas-vindas. Dizem que o seu ano escolar foi verdadeiramente bem-sucedido e que você vai se formar com honras. Dá-se a cada qual o que ele solicita, e foi-lhe dado o que você pediu.

Duas semanas depois, Sofía morria em perfeita paz e total aceitação. Antes que a família dela me avisasse, foi-me dito:

Já terminou o doloroso processo de Sofía, e ela está sendo recebida aqui com efusão e amor. Foi muito bem-sucedida a sua experiência, tendo ela se adiantado muito em sua abertura de consciência. É preciso agora ajudar aqueles a quem ela deixou, para que compreendam o porquê dessa vida de dor, já que também foi ela uma aprendizagem para eles.

Dois meses depois, estando nós reunidas com a mãe e com o marido de Sofía, esta se comunicou nos seguintes termos:

Se o tempo que se passou desde o meu desprendimento da matéria foi curto, é que parte de mim já estava de antemão neste plano. O meu corpo, quando já não servia, estava aí, mas a minha alma se encontrava a metade do tempo aqui. Minha vida na matéria foi difícil, e às vezes me rebelei diante dos obstáculos que me foram apresentados, mas eu o escolhi assim antes de ir para aí. Tinha necessidade de uma aprendizagem vigorosa e o consegui. Sei que provoquei muita dor ao meu redor, mas também isso foi aceito de antemão por eles, tendo sido muito grande a sua aprendizagem. Esta é definida aqui como "curso intensivo", e é isso o que foi para o meu marido, para a minha mãe e para os meus filhos.

Se fui o instrumento de sua dor é porque também eles o aceitaram, e só lhes posso dizer que toda a dor por que passamos vale milhões de vezes quando se chega aqui. Vocês não podem sequer imaginar a felicidade que se experimenta neste lugar. Quando me dirijo a vocês, tenho o objetivo de dizer que, se é verdade que sofremos, esse sofrimento se torna glória quando aqui chegamos. Não que o nosso Criador seja cruel nem que nos dê tanto mais recompensas quanto maior o sofrimento. Isso são mal-entendidos. Seu amor e misericórdia são infinitos, e se nos deixa sofrer, Ele o faz para compensar a nossa ação desarmoniosa anterior e para abrir nossa consciência ao único método de chegar a Ele, que é o amor.

Se fizeram que aquela que escreve aparecesse no meu caminho, é porque, com a sua mensagem, me foi dado um último impulso que me ajudou a me desprender da matéria. Foi o imenso amor desses seres de luz que me falaram através dela que me ajudou a dar o passo final rumo à luz. Só lhes posso dizer que a recepção que tive na minha chegada foi apoteótica. Meu desejo e meu conselho são: abram-se a novos conceitos sem preconceitos nem idéias demasiado rígidas. Ninguém sabe tudo nem detém a verdade absoluta. Estamos num trabalho de evolução rumo ao Criador, sendo esse trabalho pessoal. Quando a nossa consciência evolui, precisamos de conceitos cada vez mais profundos. Deter o nosso avanço por medo não ajuda a evolução espiritual. Vocês precisam compreender que a cada etapa corresponde uma explicação diferente da mesma coisa, e que agora vocês já estão preparados para entender conceitos mais profundos.

Durante o tempo de sua doença, Sofía investigou as causas desta com sua amiga Vicky, que é psicoterapeuta e que a ajudou muito em todo o seu processo. As duas achavam que as doenças são psicossomáticas, e Sofía estava convencida de que parte da razão do seu estado físico se devia a um forte abandono que sentira quando criança. Um ano depois, estando eu com Vicky, Sofía se comunicou através da minha pena:

Querida Vicky:

Estou num lugar maravilhoso, em que não existem a dor nem os sentimentos negativos. A verdadeira mensagem da minha experiência é que tudo aquilo que se sente na vida física serve para aprendermos a nos desprender do nosso ego soberbo. Se no princípio acreditei que a minha doença provinha do abandono que senti quando criança, é que eu ainda estava mergulhada nesse ego que busca reconhecimento e aceitação. O motivo da minha moléstia foi outro muito diferente. Eu precisava compreender que não fomos feitos para ser o centro das atenções, mas para nos dar aos outros. Minha doença me serviu para que eu praticasse a humildade e a paciência, uma e outra coisas que me propus aprender antes de encarnar. Foi de fato difícil, mas grande foi a retribuição aqui recebida. Meu conselho, Vicky, é que você continue a trabalhar como faz, procurando dar a conhecer esses conceitos de vida eterna e de aprendizagem na matéria, de supressão do ego, que é o que nos separa do nosso Criador.

Por que eu?

Hugo morreu aos 42 anos de lúpus, doença de que sofreu durante dez anos e que lhe causou muitos estragos. Jocelyn o visitou algumas semanas antes de sua morte porque sabia que ele estava desesperado e muito desalentado. Durante sua visita, ela lhe contou a história de Sofía, esperando que lhe servisse para entender melhor o motivo de sua situação. Infelizmente, porém, isso não encontrou nele nenhuma ressonância.

Um mês depois ele faleceu, e dias depois se expressou da seguinte maneira:

— *Dizem que posso falar com você, Jocelyn, e não entendo como isso é possível. Quando você foi me ver, não acreditei nem um pouco no que você me contou sobre a mulher que aceitou a sua doença e que, mais do que isso, a tinha escolhido. Mas agora vejo que é verdade que podemos nos comunicar daqui com algumas pessoas que, através desta que vejo escrevendo* (Carmen), *recebem o que desejo dizer; por isso percebo que não são mentiras o que você me dizia. Quando ouvi você dizer que eu quis morrer, digo que de fato me decidi a ir porque já não era vida o que eu tinha, e eu não queria continuar a me deteriorar. Mas estou sumamente confuso e revoltado com relação ao que me ocorreu.*

Por que eu? Por que isso? Por que agora? Do livro que você me deu de presente, li somente o título, que me mergulhou mais na minha revolta e desolação. Agora eu só digo que o que encontrei é feiúra, escuridão e frio, quando eu esperava ou o nada ou o céu que me ofereceram, porque sempre cumpri os preceitos da Igreja, embora não possa dizer que acreditasse em tudo o que diziam. Diga-me, você sabe o que é isso? Como posso sair deste cárcere?

— Queridíssimo Hugo, o que o mantém mergulhado nessa escuridão é sua própria rebeldia, que o impediu de aceitar a vida como se apresentava a você e, agora, a morte. É o seu estado mental de irritação que o impede de ver a luz e a vida maravilhosa que o espera. Você só tem de deixar de lado sua rebeldia e pedir a luz para sair dessa sua prisão.

— *Você me diz que não aceitei a minha vida. Eu aceitei tudo o que me coube viver, com momentos econômicos difíceis, com meus pais, que não foram fáceis, e a única coisa que não aceitei foi a minha doença, que me truncou a vida em seu melhor momento.*

— Tudo o que vivemos são estímulos de que precisamos para o nosso crescimento. Nada é casual, e a doença é um dos meios que escolhemos para nos purificar e crescer espiritualmente.

— *Não entendo que vocês digam que se trata de estímulos para aprender e superar-se. Por que então não se dão a todos condições difíceis? Não me responda que isso acontece porque Deus assim o quer.*

— Estamos todos num processo de evolução rumo a Deus. Saímos dEle para regressar a Ele conscientes da nossa verdadeira identidade. Para isso, passamos por múltiplas circunstâncias: a pobreza e a riqueza, a saúde e a doença, o amor e o desamor, bem como toda a gama da experiência humana, que aceitamos viver de antemão através de muitas vidas para ir compreendendo o verdadeiro significado do amor, nossa essência.

— *Não creio que tenha vivido antes nem que viverei depois. De onde vocês tiram essas idéias idiotas?*

— Não tem nenhuma importância se você não crê na reencarnação. A única coisa importante, ao longo do que vivemos, é a aceitação de nossas circunstâncias, já que essa é a atitude que nos vai pouco a pouco liberando da escravidão do ego que nos cega.

— *Não me falem de aceitação. Isso me faz sair da alma a raiva que tenho diante do meu destino. Tive de deixar o que mais amava: minha família. Não posso e não quero aceitar!*

Apesar de tudo, depois de um longo trabalho de persuasão, Hugo começou a ver a luz e, finalmente, se desprendeu.

As doenças

Os casos de Sofía e de Hugo mostram-nos com muita clareza que as doenças são estímulos ao nosso crescimento espiritual. Elas têm origem no corpo astral, ou corpo das emoções, provocadas pelas nossas desarmonias. Nossas emoções costumam ser negativas, motivadas pelo nosso desejo de controlar, de reconhecimento, de insegurança ou falta de fé em geral, opondo-se ao sentido de união e criando bloqueios energéticos. Esses últimos se refletem no mau funcionamento da energia que alimenta o nosso corpo, mas sobretudo o corpo astral. Quando esse corpo se vê afetado em sua recepção energética, ele cria uma série de deformações que se manifestam em seguida no corpo físico. Por exemplo, o câncer e a Aids podem fazer as vezes de desintoxicantes, já que, através das moléstias, se eliminam as toxinas espirituais.

Dizem que escolhemos de antemão o corpo de que precisamos para a experiência que nos propomos levar a cabo. O fato de não ter doenças não significa que estejamos livres de desarmonias mas que estas serão expulsas numa próxima experiência ou por meio de uma vida harmoniosa e de amor, já que essa energia a tudo cura. O que às vezes acontece é que o ser humano não realiza o que pretendia ao se deixar levar pela soberba ou pelo seu ego. É então que vemos pessoas deveras desarmoniosas com saúde muito boa.

Quando se aceita eliminar o karma numa existência na Terra, tem-se uma doença depois da outra, o que não passa de um processo de purificação. Esse processo terminará quando entendermos que fomos criados para o amor, o que inclui humildade, renúncia ao controle dos outros e da nossa vida e uma paciência inesgotável, que significa a total aceitação daquilo que acontece conosco, bem como o abandonar-se ao fluxo da vida sem procurar mudá-la de acordo com os nossos caprichos. O processo não se encerra enquanto não entendermos que as doenças são o meio que escolhemos para eliminar nossas desarmonias e que as aceitamos para aprender o amor, a humildade e a aceitação.

A homossexualidade

Atualmente, a homossexualidade tem proliferado. Apresentamos a seguir a explicação que nos deram os nossos mestres sobre esse tema tão delicado:

Pergunta-se o motivo da homossexualidade. Ele se deve a várias razões:
A primeira delas é que, ao procurar o amor com o outro sexo e não encontrá-lo, a pessoa procura o mesmo sexo. Por vezes, ainda que se tenha a orientação normal como homem ou como mulher, podem-se ter relações com o mesmo sexo devido a situações de falta de orientação psicológica. O

bissexualismo não é o verdadeiro sentido da sexualidade. Cada sexo tem uma energia diferente que tende a complementar-se com o seu oposto. Portanto, sempre estará presente, nas relações homossexuais, a falta da outra energia. Também pode ser simplesmente por vício dos que se dedicam à promiscuidade sexual e buscam mais prazer nas experiências com o mesmo sexo. Esses não vão achar a verdadeira satisfação nesses encontros distorcidos, já que eles só buscam satisfazer os sentidos, algo sempre incompleto e destrutivo. Vêem-se atualmente muitos casos de homossexualidade porque, com a aceleração do planeta, todas as atitudes, qualquer que seja o seu sentido, estão se acelerando.

O segundo motivo da homossexualidade é o karma, ou seja, antes da concepção aceita-se ter uma orientação diferente da do sexo com que se nasce a fim de não se envolver nos prazeres sexuais mas, tendo essa energia sexual em todo o seu vigor, sublimá-la e usá-la no desenvolvimento espiritual. Trata-se de uma prova muito dura, já que é difícil não se deixar levar pela orientação própria e abandonar o sexo. Muitas dessas pessoas entram em mosteiros para afastar-se de tentações e poder assim voltar-se para o espírito, usando a sua energia sexual como modalidade de força espiritual. Há quem o consiga, porém muitos outros caem naquilo que a sua inclinação lhes dita, e seu desalento os leva à depressão, às drogas ou ao alcoolismo.

O terceiro caso é o daqueles que não aceitam o seu novo sexo porque, em várias encarnações anteriores, tiveram o sexo contrário ao que agora têm. São esses que, diante de qualquer situação negativa na vida, como uma mãe muito dominadora, um pai castrador, se refugiam na lembrança de seu antigo sexo e não querem saber de nada com aquele que lhes coube viver atualmente. Ter uma experiência como homem ou como mulher tem por fim desenvolver aspectos diferentes do nosso potencial divino. Quando se vêm muitas vezes com um dado sexo, é necessário vir no sexo oposto para aprender diferentes virtudes.

O último caso é o dos hermafroditas. Trata-se de um defeito que ocorre no momento da concepção. Essa prova afeta também aos pais, para quem é extremamente difícil aceitar ter um filho deformado. Trata-se de uma prova que tem a mesma natureza da segunda.

Ocorrem hoje muitos casos das quatro variantes do mesmo problema. Não se deve julgar os que agem dessa maneira, visto que não é fácil passar por essas provas. A Aids está fazendo estragos entre eles, mas não é castigo, mas sim intercâmbio. Eles aceitam interiormente ter uma prova ainda mais dura, já que não conseguiram resultados esperados com aquela que se haviam proposto aceitar.

A homossexualidade é a prova de fogo para muitas almas e, por ser tão difícil, as pessoas não estão sendo aprovadas, do que decorre a presença da Aids, que, insistimos, não é punição, mas sim prova suplementar que advém quando não se conseguiu superar a primeira.

É na verdade difícil passar a vida com uma orientação diferente da que se deve ter. Não é indispensável, para passar nessa prova, nunca ter sexo com o mesmo gênero, mas é indispensável não se deixar levar pelo apetite sexual. Quando se tem um par estável, a homossexualidade não é negativa, apenas a relação é incompleta no sentido de que não há intercâmbio de diferentes energias — o que tampouco é fácil, uma vez que sempre haverá nas relações homossexuais a falta de alguma coisa que não chega à plenitude.

Sexo é a comunhão dos opostos, o símbolo da união do mundo dual, razão pela qual, quando há entendimento entre um homem e uma mulher, não apenas na parte física mas também na espiritual, chega-se à maior felicidade possível no mundo da matéria física.

Ora, hoje o verdadeiro trabalho consiste em abrir a consciência às verdades de que temos falado exaustivamente: o amor e a consciência de unidade, o que vem a ser a mesma coisa. O meio através do qual se consegue isso não é importante; o indispensável é atingir essa meta.

Eu não merecia essa horrível doença

Este é o caso de uma alma que estava perdida depois de ter morrido de Aids. Jocelyn o visitou no hospital nos últimos dias de sua moléstia, nos quais a pessoa estava sumamente revoltada e deprimida.

— *Tenho muita dor depois de ter deixado esse corpo que já não servia. Eu não merecia essa horrível doença. Só porque amei outro homem e não soube amar as mulheres. É uma enorme injustiça a que se comete com os homossexuais; não é nossa culpa que não nos sintamos atraídos pelo outro sexo, e não creio que isso seja pecado. Por que então esse castigo? Que tipo de Deus é esse que concebe estas crueldades? Eu me desespero ao me ver neste lugar escuro e frio sem ninguém que me ajude; só ouvi vozes que me disseram que me dirigisse a você, Jocelyn, que você poderia me ajudar, mas como?*

Como a muitas outras pessoas, explicamos-lhe que ele devia pedir para ver a luz, que a sua doença não era um castigo, mas uma oportunidade de aprendizagem; explicamos também que era ele mesmo que interpretava a sua situação como pecado e crueldade de Deus. No momento em que ele abrisse a sua mente para buscar o amor de Deus e abandonasse essa maneira de pensar, a luz se faria.

— *Isso é algo em que não acredito, essa historinha da luz. Você me diz coisas bastante tolas. Onde está o tão decantado amor de Deus se Ele permite dores tão insuportáveis como aquelas de que padeci e de que estou padecendo? Vivi primeiro a infelicidade de ser marginalizado unicamente por causa da minha orientação homossexual, que não é a "normal". Depois, o abandono do ser amado, que, quando soube da minha doença, fugiu de mim como se eu tivesse a peste. Não posso nem falar de como minha família me tratou. Ela também me abandonou por considerar-me uma vergonha para ela. Depois, a degradação paulatina do meu corpo, o sofrimento da doença. Você quer me dizer o que significa tudo isso?*

— O meio através do qual você tinha de evoluir e que ainda não entende. Só depende da sua vontade ver ou não ver a luz, pouco importando como tenha sido a sua vida. Na luz a felicidade o espera.

— *Se isso é a verdade, por que ela não é ensinada antes da morte? Falam-nos de uma série de coisas que são difíceis de acreditar, como o céu, o inferno e o purgatório, de acordo com o grau dos pecados cometidos. O meu é considerado o pior e não vejo nenhum demônio ou inferno, a menos que seja onde me encontro.*

— O único pecado é a falta de amor, e apesar disso também aprendemos com os nossos erros. O único inferno é criado por nós com a mente quando não queremos ver a luz. Abra o seu coração e confie que pelo simples fato de desejá-la você a verá.

Quando ele finalmente viu a luz, despediu-se, dizendo:

— *Eu nunca havia pensado que isso existisse... Se para chegar era preciso passar pelo que passei, bem que valeu a pena... Obrigado por me ter feito descobrir esta luz maravilhosa.*

Eis um texto de nossos mestres que esclarece ainda mais a questão das enfermidades:

Nosso corpo funciona de acordo com a nossa maneira de pensar nos limites daquilo a que se propôs o nosso verdadeiro ser. Quando chegamos à vida terrestre, nós nos esquecemos dos propósitos que nos fixamos para essa experiência. Se precisamos aprender a humildade e nada fazemos para ser humildes, mas desperdiçamos as oportunidades que nos são apresentadas, o nosso Eu interior promove outros estímulos que nos levem a desenvolver essa virtude. Não se trata de crueldade do destino, mas de sabedoria, já que esta vida nos serve para nos aperfeiçoarmos e não simplesmente para passarmos bem por ela.

Se vivêssemos em perfeita harmonia, seríamos felizes, uma vez que a verdadeira felicidade vem da atitude de não se opor ao que a vida nos apresenta e de agir de acordo com a lei do amor.

Quando dizemos que o corpo funciona de acordo com a maneira como pensamos, dizemos que, se a nossa maneira de pensar for negativa, vão-se plasmar no corpo deformações produzidas pelos bloqueios energéticos do corpo astral, o que resulta em deterioração e doença. Quando o pensamento é positivo, gera-se uma energia de equilíbrio que evita as coisas anteriores.

Não obstante, vemo-nos diante de pessoas que são muito egocêntricas e que, apesar disso, não têm doenças nem deformações. Isso decorre do fato de o seu Eu interior ter escolhido passar por uma experiência saudável para encontrar o equilíbrio dessa maneira e, assim, contrapor-se à negatividade, com o propósito de abrir a consciência. Se não se atingir essa meta dessa maneira, numa próxima experiência na Terra expulsar-se-ão todas essas toxinas com uma moléstia congênita ou grave, como o câncer ou a Aids.

Vemos, pelo contrário, muitas pessoas bastante adiantadas em termos espirituais com problemas de saúde muito sérios, o que corresponde à von-

tade do Eu interior de superar-se e acabar de uma vez por todas com a roda de encarnações.

O desejo voluntário de sacrificar-se na vida física serve para adiantar a alma no desapego da matéria, tendo-se por assente que não se precisa sofrer para avançar na abertura da consciência, mas que o sofrimento é um método muito eficaz.

Se o desejo da alma é continuar a expressar-se na matéria física, ela prosseguirá buscando experiências agradáveis que ajudarão bem pouco em seu avanço, até que se veja impelida a avançar para a luz em que teve sua origem. Esse impulso está sempre latente, conduzindo-nos, a longo prazo, ao nosso destino.

Se cabe a alguém na vida uma doença que não está ao seu alcance curar por limitações econômicas, é que essa pessoa precisa purificar-se dessa maneira, e não porque isso seja uma crueldade suplementar. Às vezes se apresentam circunstâncias que parecem ser a solução para uma determinada doença ou problema; mas se elas não estão ao nosso alcance, parecendo em vez disso inacessíveis, isso serve para que aprendamos a aceitar o que nos cabe viver sem buscar a todo custo solucionar o problema desse modo, já que, se nos empenharmos em alcançar aquilo que não está em nossas possibilidades, de qualquer maneira não chegaremos à solução.

Devemos ajustar-nos aos nossos próprios meios; eles foram projetados para a nossa aprendizagem e se tentarmos forçá-los, seremos apenas levados a um novo descalabro. Viver sempre aspirando a ter o que não se tem é verdadeiro apego ao mundo material. Por esse motivo, o Ser Real projeta novas medidas de desapego e aceitação que possam ajudar no desapego do plano físico.

A dor não é senão o resultado de nossos desejos contrariados, e o apego abre o flanco a essa dor quando não sabemos nos libertar daquilo que se apega a nós, sejam afetos, posses ou posição social. Devemos deixar tudo isso de lado, já que cada qual vive o que cabe viver e não podemos mudar nada no destino de ninguém.

Cinco

Mortes inesperadas

O homem sábio não acumula tesouros;
quanto mais deixa para os outros, tanto mais lhe sobra;
quanto mais dá aos outros, tanto mais tem.
O caminho do Céu
beneficia sem prejudicar;
o caminho do Sábio
consiste em agir com generosidade,
sem lutar nem competir.

— Tao Te King

O momento específico da morte nem sempre é escolhido de antemão de maneira inalterável. Ao longo da nossa vida no plano físico, são-nos apresentadas diferentes opções, sempre com o objetivo de nos fazer crescer e aprender. Se, como já dissemos, escolhemos um determinado caminho no qual nos esquecemos daquilo que nos havíamos proposto antes de começar a nossa experiência, precisaremos de um novo estímulo que nos ajude na consecução do nosso projeto inicial.

O momento de acabar com a experiência física é determinado quando já se concluiu o plano aceito anteriormente. Não obstante, se a nossa vida tomar um rumo equivocado, isso acarretará conseqüências que podem levar ao término prematuro da experiência na terra, claro que com a aceitação do nosso Eu interior, que prefere terminá-la antecipadamente a continuar mergulhando na negatividade. Esse é o caso de algumas mortes prematuras, seja por acidente ou por assassinato, sendo este último mais freqüente, visto que parte do karma que se gerou com a atitude distorcida é eliminada com a dor dessa forma de morrer.

Morte por assassinato

Um exemplo do caso que acabamos de mencionar é o de um jovem seqüestrado que, depois de vários dias em cativeiro, foi assassinado. A dor que causou ao seu redor ajudou o desenvolvimento espiritual dos que conseguiram superar essa prova. Quando isso aconteceu, chegou a Carmen esta mensagem:

...Sua mãe se dirige ao nosso plano para obter ajuda e será auxiliada a aceitar esta grande prova. Só a faça compreender que foi necessário o sacrifício de seu filho, obedecendo ao seu Eu interior, que não queria continuar enredado naquilo que não o estava ajudando em seu avanço espiritual. Ela deve compreender que o que aconteceu será o melhor para a sua alma.

Recebemos o seguinte testemunho de uma alma que também passou pela experiência de morte prematura por assassinato.

Vivi sempre muito apegado ao que a religião dizia por medo de assumir a minha própria responsabilidade. No fundo, eu estava convencido de que devia buscar verdades mais profundas, já que tinha a abertura de consciência e a inteligência necessária para fazê-lo, mas sabia também que isso me obrigava a mudar minha forma de agir. A religião se afigurava a mim como um escudo atrás do qual proteger-me, visto que, seguindo-se o que ela prega, isto é, arrependendo-se e confessando-se, pode-se obter perdão para tudo. Eu não entrava em detalhes para saber que aquilo segue de mãos dadas com a ação amorosa e que também se fala de um purgatório e de um inferno que correspondem à lei de causa e efeito. Eu me conformava em interpretar a religião como me era conveniente, e por ser erudito no tocante a dogmas e encíclicas, sentia ser isso o bastante para estar do lado da religião.

Levei uma vida egoísta e nada produtiva, apesar dos dons que recebi. Fui muito dotado nessa vida por me ter proposto ser líder espiritual, o que não levei a cabo por preguiça, defeito que me perseguiu a vida inteira. Segui apenas os impulsos do meu ser primitivo, deixando-me levar por paixões baixas. Não posso dizer que tudo tenha sido negativo; também fui muito bom amigo e não fiz mal a ninguém deliberadamente. Entretanto, minha vida aos poucos foi deteriorando-se; embotei-me no álcool para fugir de uma realidade nada positiva, fabricada por mim mesmo.

Foi então que o meu Eu interior decidiu interromper o curso dessa experiência que se degradava dia a dia. Escolheu-se o assassinato como um meio expiatório que me abalaria e me faria voltar à realidade espiritual. E assim foi. Doeu-me muito perder a vida dessa maneira, tendo em vista que, apesar do meu fracasso, eu estava muito apegado a ela. Foi-me difícil desapegar-me por dois motivos: em primeiro lugar, o medo do castigo que eu acreditava merecer e, em segundo, o apego às coisas que me faziam sentir importante, além da soberba por me sentir muito inteligente.

Quero dizer a vocês que a inteligência e a estupidez são qualidades que se escolhem antes de encarnar a fim de se desenvolver um dado trabalho de aprendizagem. No plano em que me encontro agora, existe apenas a consciência mais ou menos aberta. Vale dizer que essa experiência foi muito proveitosa para mim, dado que os remorsos que gerou me serviram para aprender tudo o que não se deve fazer. Dos erros, como dos acertos, se aprende e, às vezes, ainda mais dos primeiros.

Embora, como vimos no caso anterior, nem sempre a morte por assassinato seja kármica, de modo geral ela o é. Isso quer dizer que ela resulta de alguma ação do mesmo tipo que se praticou numa experiência precedente. Limpamos o nosso karma ao passar pela mesma experiência; e na dor que essa forma de morrer implica elimina-se o prejuízo antes causado.

O assassinato causa muito sofrimento porque a vida é interrompida de maneira brusca e inesperada; mas às vezes isso é necessário para purificar a negatividade que se cria por se ter assassinado um irmão. Quando se compreende e se aceita isso, o karma desaparece e a alma fica liberada desse peso.

Muitas vezes, a alma da pessoa assassinada fica vagando no Baixo Astral tomada por sentimentos de vingança, o que pode durar muito tempo e até várias vidas. A alma vingativa vaga atrás de sua vítima, seguindo-a em cada uma de suas vidas, procurando causar-lhe todo o mal possível. Isso é parte do karma do assassino, que não se libertará enquanto não compensar essa ação, seja com dor ou com amor. Se o assassino voltar a matar numa nova experiência, seu karma se multiplicará, o que o tornará muito propenso à dor e à desgraça. Se assassinar não é uma coisa boa, tampouco o é tirar a vida como castigo, como no caso da pena de morte, já que ninguém tem direito de suprimir a experiência vital de ninguém.

A vingança

Carmen conheceu Olga num seminário de energia. Embora não houvesse oportunidade de maior aproximação, estabeleceu-se entre elas uma corrente de confiança. Um dia, Olga ligou para ela e pediu para visitá-la. Na realidade, buscava conselho, pois sua vida, sempre infortunada, chegara a um ponto de crise, sobretudo no que se referia ao seu filho. O menino parecia possuído, fora de si. Carmen não viu maneira de ajudá-la; contudo, sabia da existência de entidades chamadas "obsessores" que se apoderam da vida das pessoas e as levam à angústia e mesmo à loucura. Ela comentou que há médiuns que emprestam o corpo para que a entidade obsessora fale, o que permite à pessoa entender como a sua vida está sendo afetada por essa entidade.

— Conheço um casal — disse ela. — Ela é a intermediária e ele conduz o diálogo. — E lhe deu o endereço.

Carmen se esquecera do incidente, mas eis que Olga ligou para ela desesperada. "Estou a ponto de me suicidar", disse. "Tudo vai mal na minha vida: meu marido, meu filho... Vou me encontrar com o casal de médiuns hoje à noite e não quero ir sozinha. Por favor, vá comigo..."

Carmen e Olga chegaram à casa dos médiuns, onde as recebeu uma mulher gorda de sorriso cálido. Ela e seu companheiro, um homem aparentemente mais jovem, as fizeram sentar-se e a sessão começou. Logo a mulher chegou ao transe: uma voz rouca e cheia de ódio saiu dela com estas palavras:

— *Aqui está de novo a senhora Josefina González de Mendoza, uma das mulheres mais belas e ricas da Nova Espanha. Como podia permitir-se ter uma filha feia e deformada como eu? Como a odeio... a odeio...*

— A quem você odeia? — perguntou o homem.

— *Àquela que foi minha indigna mãe...*

Aos poucos a história foi sendo revelada, e Carmen e Olga a escutaram sobressaltadas. Ocorreu nos tempos da Colônia: uma condessa belíssima, rica, pertencente à mais tradicional aristocracia, desejava ter um filho. Sua alegria foi enorme quando conseguiu engravidar, como enorme foi a decepção ao nascer uma menina deformada, corcunda, sem nenhum dos atributos da mãe. O orgulho da mulher não pôde sobrepor-se à tragédia, e ela escondeu a criatura, Mariana, durante anos. Só uma alma fiel podia entrar no cômodo secreto em que vivia a menina, afastada da família e de todo o contato com o exterior. Mas isso não bastou. Aterrada com a possibilidade de que alguém descobrisse o que ela considerava uma afronta à sua beleza e à sua arrogância, quando Mariana completou 9 anos, a condessa a instalou numa carruagem, na qual colocou um baú de dobrões de ouro, ordenando ao cocheiro, um empregado de sua confiança, que deixasse os dois num convento distante e pobre. O homem cumpriu as ordens, mas a imagem do baú, seu peso e o tintilar de metal, que ouviu ao carregá-lo para entregar à abadessa, perseguiram as suas noites.

Passado algum tempo, pôde mais a ambição do que a lealdade à sua antiga patroa. Com um grupo de cúmplices, ele regressou ao convento para buscar a menina. — *Não lhes foi difícil reconhecer-me* — disse Mariana pela boca da médium. *Minha feiúra me tornava inconfundível.* — Os malfeitores não conseguiram realizar seu verdadeiro objetivo. O baú não apareceu em lugar algum. Enlouquecidos, eles violam e maltratam as monjas e, por último, seqüestram Mariana — já adolescente — para pedir resgate por ela. É enviado um mensageiro para negociar com a condessa; esta o recebe e, de modo raivoso, responde: — *Eu não tenho filhas.* — Diante da insistência do homem, manda que lhe cortem a língua e o façam voltar para o lugar de onde veio. Mariana teme pela sua vida: aqueles homens irritados vingarão nela a crueldade da mãe. Fala, explica, procura convencê-los de que não ganharão nada matando-a. O antigo cocheiro se lembra de uma noite distante, da criatura deformada e aterrorizada que se prendeu às suas roupas em meio aos soluços quando ele a abandonou no convento... — *Deixem-na, ela não nos serve* — convence os companheiros.

Mariana já não é uma menina. Pela primeira vez está livre, pela primeira vez pode tomar uma decisão... e aquela que foi a sua casa, ou a sua prisão, não está longe. Ela se lembra como num sonho das passagens por onde a levaram em segredo naquela noite do seu desterro. Consegue descobrir a porta semi-oculta entre os arbustos pela qual a tiraram para jogá-la na carruagem. A porta está aberta. Perdida sua utilidade, desaparecida a culpada, ninguém mais se preocupa em fechar os trincos enferrujados. As lembranças são mais vívidas do que ela imaginava. Ela reconhece a escadaria externa, a porta de sua cela, a do quarto da mãe. Abre esta última, decidida. A condessa penteia os compridos cabelos diante do espelho. — *Ela também não teve dificuldade para me reconhecer* — afirma Mariana com amargura. Contudo, depois de um movimento de temor, ela se refaz, recupera a sua arrogância. Mariana não perde tempo. Pede-lhe, roga-lhe que a ajude, que lhe dê dinheiro para levar uma vida digna: — *Não quero ser freira, e não voltarei a incomodá-la. Você não me verá jamais, embora eu seja sua filha* — grita. — *Eu não tenho nenhuma filha* — responde, enfurecida, a condessa, cravando-lhe um comprido estilete na garganta.

— *Desde então eu a persigo, maldita... eu odeio você, sempre a odiei...*

O interlocutor intervém:

— É outra etapa. Olhe para ela, é outra pessoa, já não é a sua mãe que a fez sofrer.

— *Tem outro corpo mas é ela, é ela, eu a odeio* — repete.

O interlocutor lhe explica que há outra vida para ela, livre de ódio e de vingança, que ela deve buscar essa vida e não dedicar-se a um rancor estéril. Ele a ajuda a entender que ela deve perdoar e ir para a luz, desprendendo-se por completo deste plano.

Ao final da sessão, Olga, banhada em pranto, rememora as tristes experiências de sua vida:

— Minha mãe sempre me rejeitou. Nunca tive o carinho normal de uma família... tampouco a situação econômica que era de esperar. Meu marido tem tido fracassos, sempre inexplicáveis; meu filho parece enlouquecido...

Os guias nos explicaram que Olga tinha tido de viver nesta etapa todo o mal feito em outras: a crueldade, a rejeição, o assassinato da filha, o dinheiro que ela não soube possuir e que empregara mal. O obsessor, nesse caso Mariana, não se resignava a perdoar a mãe, e geração após geração se vingava dos maus-tratos e do crime.

Vêem-se na Terra muito sofrimento, múltiplos assassinatos, violações, seqüestros, todo tipo de horrores. Dizem-nos os mestres que não devemos nos desesperar, pois se trata de uma limpeza profunda daqueles que se estão purificando. O que acontecerá com todos esses seres que cometem todos esses desvarios? Irão para outro lugar correspondente à sua baixa freqüência vibratória. Já não podem continuar aqui, girando em círculos, aborrecendo a humanidade. Quando esta geração se acabar, sairão daqui os que tiverem uma vibração muito baixa.

Ora, é preciso esclarecer que não se trata da lei de Talião, olho por olho, dente por dente. Essas experiências servem para que se entenda na própria pele aquilo que uma pessoa provoca no irmão. Trata-se unicamente de aprendizagem, não de castigo nem vingança. É claro que ambos os papéis, o de vítima e o de perpetrador, foram assumidos por nós ao longo das nossas inúmeras vidas, visto que a melhor maneira de aprender uma lição é vivê-la.

Roubar é uma coisa ruim e eu não achava que fosse assim

Fernando era um empresário que foi assassinado ao sair do escritório; Carmen o conhecia superficialmente. Especulava-se que podia tratar-se de um crime passional de homossexuais. Dias depois de sua morte, ele nos disse o seguinte:

— *Ouvi vozes que me diziam que me aproximasse de você para que me ajudasse, pois você sabe como ajudar os que estão na minha situação. Você precisa me dizer para onde ir, pois não sei o que fazer. Tiraram-me a vida pessoas que tinham inveja de mim e me deram golpes até me deixar sem vida. Não é verdade que seja por eu ser homossexual, mas porque não fui justo com quem se vingou assim. Recebi a recompensa da minha desonestidade e agora não sei para onde me dirigir, já que estou no fosso negro da minha culpa e do meu desejo de vingança.*

Roubar é uma coisa ruim e eu não achava que fosse assim, uma vez que, enquanto se está no mundo, se encontram justificativas e desculpas para o mal que se faz. Quando se perde o corpo físico, vê-se tudo com clareza e a pessoa percebe o que fez de mal. Não sei o que me espera e isso me aterroriza. Entre a vida e o julgamento de Deus, fica-se neste lugar frio, onde não há nada e nem ninguém, só o arrependimento.

— Deus não castiga, Deus é amor... — dissemos-lhe.

— *Como pode ser que se possa agir mal sem ser castigado?*

— Nosso agir desarmonioso é apenas parte do processo de aprendizagem para se chegar a entender qual é o verdadeiro caminho. Deus não julga; é você mesmo que se julga. Está à sua espera uma vida maravilhosa.

— *Você me consola com as suas palavras, mas desconfio daquilo em que você acredita. Não é o que me ensinaram e não creio que você saiba mais. Quem você acha que é para poder prever o que acontece aqui sem nunca ter estado neste lugar?*

Enquanto lhe explicávamos que nada havia a temer e que ele devia pedir para ver a luz, Fernando continuava desconfiado:

— *Espanta-me o fato de poder me comunicar com pessoas que mal conheço. Vocês são espíritas, suponho, e, portanto, têm pacto com o demônio.*

— Só estamos aqui para ajudá-lo. O que mantém você nesse plano escuro é o seu sentimento de culpa. São os seus julgamentos acerca de si mesmo. Você só tem de se abrir ao amor, aceitando com humildade a sua vida tal qual foi e pondo-se agora nas mãos de Deus, pedindo-lhe que o leve com Ele.

— *Ver o meu egoísmo de modo tão claro me aterroriza e o medo me invade. O céu é nosso quando nos purificamos e o inferno é castigo para aquele que age mal. Eu não sei o que mereço...*

Levamos algum tempo para tranqüilizá-lo, já que seu sentimento de culpa era enorme e ele não podia superar esse sentimento. Não deixamos de nos concentrar em enviar-lhe amor, e aos poucos ele se foi suavizando, percebendo finalmente a luz. Como muitos outros, sentiu-se invadido por um grande amor e seguiu o seu caminho até ela.

Nesse caso, como em muitos outros, Fernando nos disse no início que ouviu vozes que o instaram a se aproximar de nós. Os seres que estão do "outro lado" têm dificuldade para se comunicar com os recém-desencarnados, que ainda têm a atenção voltada para este plano. Como estes últimos ainda estão vibrando na nossa freqüência, eles têm mais facilidade em nos escutar. É essa a razão pela qual se pede a nossa intervenção.

Morte por suicídio

A morte por suicídio decorre da recusa em continuar com o karma que o ser humano se propôs carregar numa determinada vida.

Causa muito sofrimento, pois, quando se chega ao plano seguinte, compreende-se que aquilo de que se queria fugir continua a existir, mas com outro enfoque, a saber, com o remorso de não ter tido a coragem de ir até o final da experiência dolorosa que a alma se propôs vivenciar.

Se às vezes há casos de suicídio de pessoas sob forte depressão ou que perderam a razão, é que essa depressão ou essa loucura são, de modo geral, uma fuga da realidade. Afirma-se que a depressão e a loucura são doenças, e elas efetivamente o são, porém, como já se disse, as doenças têm origem no corpo astral em decorrência do desequilíbrio emocional, que gera uma série de desarranjos físicos que levam ao mau funcionamento geral, que, afetando a química do cérebro, resulta na depressão crônica ou na loucura. É igualmente certo que há uma predisposição genética para essas doenças, mas isso é uma das limitações que se escolhem a fim de transcendê-las. Se se vive em harmonia, o distúrbio mental não se apresentará; mas, se a pessoa se deixa levar pelas exigências do ego, produz-se o desequilíbrio que acabará na depressão ou na demência.

O suicídio é um ato reprovável para a própria alma, que vai interpretá-lo como covardia, mas de nenhuma maneira vai ser recriminada. É preciso não esquecer que o livre-arbítrio é sagrado e sempre é respeitado. Por conseguinte, o único a sofrer as conseqüências do seu ato é o próprio suicida.

Há ocasiões em que esses seres vagam no limbo do Baixo Astral, sem rumo fixo, completamente desorientados, visto que, tendo acreditado que punham fim à vida, percebem que isso não aconteceu e se desesperam, pois continuam a sentir o que sentiam antes de deixar o corpo, mas com o acréscimo do remorso. Um caso que ilustra isso é o apresentado a seguir, que chegou ao nosso conhecimento quando estávamos no grupo de meditação:

— Levei uma vida muito desequilibrada, e minha situação era verdadeiramente insuportável, levando-me a ter várias crises de depressão. Acreditei que o melhor era libertar a minha família da minha presença e por isso resolvi cometer suicídio. Infelizmente, vejo que não consegui nada: a de-

pressão que sentia em vida me persegue com mais intensidade, ao que se acrescenta o sofrimento que causei ao meu redor. Não sei o que fazer, sinto-me num abismo sem fundo que me consome, mesmo que eu queira sair. Dizem-me as vozes que me aproxime deste grupo, no qual percebi uma onda de calor e de bem-estar.

Como de costume, insistimos que ele se desfizesse da culpa e buscasse a luz. Foi preciso muito trabalho de persuasão e energia amorosa para libertá-lo. Esse é mais um exemplo de como a culpa nos prende e nos obseda, impedindo-nos de chegar ao mundo espiritual. No final, ele se desprendeu com uma belíssima frase: — *Deus é amor; quanto tardei a compreendê-lo!*

São muito diferentes os motivos que levam ao suicídio. O mais comum é, como já se disse, a não aceitação das condições em que cabe aos suicidas viver e a recusa em continuar suportando a dor, seja física ou moral, o que é uma forma de covardia. Outra razão para tirar a própria vida pode ser para evitar a perda de prestígio e, com isso, não manchar o nome da família.

O suicídio por motivos políticos ou religiosos é aquele em que o sujeito se nega a aceitar um novo tipo de pensamento político ou moral e acredita que, com a sua imolação, dará um exemplo, isto é, prefere tirar a própria vida a sujeitar-se a regras que contrariam as suas convicções. Outro caso é o suicídio heróico daquele que dá a sua vida para salvar outras.

Todas essas modalidades são atenuantes do fato reprovável de tirar a própria vida. Quando falamos reprovável, não estamos julgando se é bom ou ruim, mas referindo-nos ao que a alma vai sentir depois de ter suprimido voluntariamente sua experiência de vida, que é sempre uma oportunidade de avanço. Como já se disse, a alma se sente pesarosa quando leva a cabo um ato de suicídio, mas se o motivo for uma causa altruísta, a dor diminuirá ou não se manifestará.

Que fique claro que, para o Criador, não existe ação reprovável, mas apenas ações que nos aproximam ou nos afastam do caminho de volta. E quando essas ações são contrárias à harmonia universal, as leis cósmicas se encarregam de nos devolver ao caminho certo. Não obstante, tanto o bom como o ruim são experiências que se vão entretecendo de maneira admirável e que no final sempre nos levam à felicidade de descobrir o nosso Criador.

Desperdicei a metade das minhas oportunidades

Bianca, uma de minhas alunas dos grupos de meditação, veio certo dia com uma carta.

— Carmen — disse-me. — Esta carta é de uma amiga de que não tenho tido notícias há algum tempo. Quero que você a leia e me diga o que acha. Eu a interpreto como uma despedida, não sei por quê.

Bianca me explicou por alto como conheceu essa amiga. Bianca, italiana, estudou na Suíça e lá fez uma grande amizade com uma moça inglesa, Elizabeth. Era uma dessas amizades de adolescentes que duram a vida inteira.

Aos 20 anos de idade, Elizabeth sofreu um acidente de esqui que a deixou paralítica. Desde então, levava uma vida difícil, limitada a uma cadeira de rodas. Contudo, nunca rompeu a amizade com Bianca, que sempre que ia à Inglaterra a visitava, além de as duas se corresponderem com certa regularidade.

Essa amizade já tinha mais de vinte anos sem interrupção, o que explicava a preocupação de Bianca, que ultimamente não tivera a oportunidade de ir à Inglaterra para ver a amiga. Ligara para ela repetidas vezes sem obter resposta, e a carta que me trazia continha as últimas notícias que ela recebera de Elizabeth.

Peguei a carta com certa hesitação, mas no momento em que a tive nas mãos um calafrio me percorreu a coluna até me eriçar os cabelos. Compreendi que muito provavelmente isso significava morte. Não disse nada e comecei a lê-la. Tratava-se de uma carta aparentemente insignificante, mas que exalava cansaço e fastio da vida. Lia-se nas entrelinhas um desespero não expresso claramente. Tentei devolvê-la mas Bianca insistiu em que eu a conservasse para ver se conseguia receber algum indício do destino da amiga. Guardei a carta com receio, prometendo que, se me chegasse algo, eu lhe comunicaria.

No dia seguinte, recebi esta mensagem:

— *Bianca, minhas mais carinhosas lembranças e meus melhores desejos para a sua vida presente. Como você já sabe, encontro-me agora num lugar maravilhoso, depois de todo o sofrimento que tive em minha última e voluntária vida no mundo material. Posso dizer a você agora que não pude agüentar todo o sofrimento necessário para completar o meu karma. Nossa vida no mundo material é uma incrível oportunidade de aprender e, creia em mim, aceitamos antes todas as circunstâncias pelas quais passaremos.*

Escolhi uma vida muito difícil porque eu tinha muito a aprender, mas não realizei tudo o que desejava, pois fui muito rancorosa e rebelde. Quando cheguei aqui, percebi tudo o que não havia feito na minha superação espiritual.

Viva buscando continuamente a verdade e aceite as suas circunstâncias, que são sempre as necessárias para abrir a nossa consciência. Nossa amizade foi o começo da minha vida espiritual, já que muitas vezes tivemos conversas de certa profundidade. Sua amizade sempre me acompanhou, ao longo da minha difícil vida, como um bálsamo. Se você tem tido dificuldades em sua vida, considere-as estímulos para aprender a desapegar-se da matéria e da nossa soberba.

Só posso lhe dizer que aqui se vêem as coisas mais claramente e que eu desperdicei a metade das minhas oportunidades. É certo que foi difícil a minha prova, mas o seu objetivo era que eu me desapegasse da matéria, o que só consegui através da revolta e da irritação. Não se pode dizer que a minha experiência tenha sido inútil, mas não a aproveitei tanto quanto o teria podido. Meu conselho é, querida Bianca, que você aceite as suas provas procurando aprender o que trazem de ensinamento. Abra-se à sua luz interior e você vai encontrar a harmonia e a felicidade. Lizotta.

Ela assinou com o apelido carinhoso com que Bianca a chamava e que eu ignorava. Mais tarde, acabei sabendo que Elizabeth de fato tirara voluntariamente a própria vida ingerindo uma grande dose de soníferos.

Morte por acidente

A morte por acidente não é uma casualidade, seja ela causada por acidente de automóvel ou de avião, por afogamento ou por qualquer circunstância inesperada. Essas mortes têm o objetivo de abrir a consciência dos que ficam. Há quem escolha morrer para provocar com sua morte a dor que fará que seus parentes se desapeguem da matéria e para que eles mesmos compreendam, por meio da dor de deixar a vida repentinamente, que não é ela a verdadeira vida. Essas experiências servem para tirar da alma o atrativo da Terra. No caso de crianças que morrem de repente, trata-se em geral de almas que se prestam a vir durante pouco tempo por amor àqueles a quem sua morte ajudaria a crescer espiritualmente.

A dor, como já vimos, é energia purificadora, e nunca é impossível suportá-la porque, quando a dor física é intolerável, perdemos os sentidos. Quanto à dor moral, ela é sempre um estímulo ao refúgio no mundo espiritual. Ver em momentos de dor um verdadeiro impulso rumo a Deus é ver com clareza.

Dizem-nos nossos guias que quando se deixa o invólucro corporal depois de um acidente, nossa alma fica sumamente desorientada, pois não teve tempo de preparação para esse passo. É importante que aqueles que ficam elevem orações para ajudar o morto a se desapegar da atração da Terra, já que, a partir de lá, ele também é ajudado, mas é preciso muitíssima energia para tirar alguns de sua rebeldia.

Dormi no carro e de repente encontro-me num fosso escuro

Há quem acredite, quando encarnado, que suas ações, embora contrárias ao amor, são boas e corretas. Trata-se, dizem nossos mestres, daqueles que se tomam por santos embora estejam cobertos de soberba. Sua primeira reação é esperar que o céu se abra para eles e que sejam recebidos com louvor. Quando vêem que isso não acontece, revoltam-se e mergulham mais profundamente na soberba, ou se dão conta de que estavam errados e são movidos pelo desespero a pedir ajuda, que lhes é dada imediatamente.

— *Dizem-me que vocês podem me ajudar. Não sei o que aconteceu comigo. Dormi no carro e, de repente, encontro-me num fosso escuro. Se isso é a morte, trata-se de uma coisa horrível.*

— *Não entendo onde estou. Eu sempre fui muito religiosa e praticante. Diziam-me que havia um purgatório para apagar as faltas e um céu para os que não pecam. Não sei o que posso ter feito de mal, nem se isto corresponde ao purgatório. Que devo fazer para sair daqui?*

Esse chamado veio de alguém que acabava de morrer num acidente de automóvel. Mais uma vez, falamos-lhe da inexistência do castigo divino e da necessidade de ela aceitar suas circunstâncias.

— *Vocês me dizem que Deus não castiga. Então, por que me fez sofrer tanto na vida? Nunca entendi e nem aceitei isso, e tampouco agora aceito estar neste lugar. Não creio em nada disso. Vocês são verdadeiras bruxas quando dizem que Deus não castiga e que a minha não-aceitação é soberba. Não quero ouvi-las mais; logo verei o que fazer.*

Uma semana depois, voltou a comunicar-se essa alma sobre a qual os mestres nos disseram que estava muito revoltada porque aquilo que encontrara no plano astral não correspondia ao que esperava. Sua dor não encontrava consolo porque ela não acreditava no que lhe era dito, e só esperava que lhe fizessem justiça de acordo com o que ela pensava merecer. Não compreendia por que estava encarcerada se sempre praticara o que a Igreja prega. Respondemos-lhe o seguinte:

— Se você se sente encarcerada, é porque você provoca isso com a sua maneira de pensar. O que a Igreja prega, antes de tudo, é o amor e a humildade, e é nisso que nós, seres humanos, falhamos. Custa-nos perdoar aqueles que achamos que nos fizeram mal, custa-nos ser generosos com nossos irmãos. Queremos sempre nos sobrepor aos outros, que nos reconheçam pelo que fazemos, e procuramos dominar aqueles que nos cercam. Todas essas atitudes são falta de amor e nos separam dos outros.

Deus não castiga. As vidas dolorosas, como a que você teve, não são castigo, sendo em vez disso projetadas para que se aprenda a perdoar, a renunciar ao controle, a ser mais humildes. Deus é bondade absoluta e só espera, com infinita paciência, que percebamos os nossos erros. Sua vida foi um recurso de aprendizagem, agora só resta a você abrir-se com humildade à luz que aí está, bastando para isso que você a deseje ver.

— *Quantas coisas vocês me dizem! Não entendo: se isso é verdade, por que não o dizem nas igrejas? Embora eu não acredite completamente em vocês, há algo de certo no que vocês dizem. Sinto paz ao ouvir o que dizem, e isso significa que não é ruim. Mas como posso sair daqui se não vejo nenhuma luz?*

— Quando você deixar de lado a sua revolta por não ter encontrado o que esperava, pela vida que teve, que sente que foi injusta, você poderá ver essa luz. Peça-a simplesmente com humildade, com a fé de que tudo o que nos acontece é para o nosso bem, ainda que não o compreendamos de imediato. Se fizer isso, você começará a ver um resplendor que vem do mundo espiritual, que é a luz do Criador, em que você encontrará paz, amor e harmonia. É apenas a sua rebeldia que a impede de vê-la.

— *Eu não tinha compreendido o significado da humildade. É essa fé de que vocês falam. Mas, se no mundo se faz tudo o que manda a religião, como é que se acaba no erro?*

— Talvez você só tenha se preocupado com as formas, com os preceitos relativos ao comportamento, com regras exteriores, mas não é essa a mensagem de Cristo. A única coisa que importa, como Jesus procurou nos ensinar, é agir com amor, o que implica a aceitação incondicional dos outros, tais como são, o que quer dizer perdoar, não julgar e não se sentir superior a ninguém. Todos temos a mesma quantidade de luz. Só diferimos no tocante à quantidade de luz que cada um de nós permite que se manifeste na medida em que não nos deixamos levar pelo ego soberbo.

— *Você diz coisas novas para mim e ao mesmo tempo parece que me lembro delas, como se algo dentro de mim me dissesse que são conhecimen-*

tos de que me esqueci. Quando sinto uma energia cálida que vem de vocês é como se a minha consciência ficasse clara. Agora percebo que eu nem sempre agi com amor e que muito do que fiz foi escudando-me na religião, mas no fundo por orgulho. Não soube perdoar nem compreender meu marido e vivi cheia de rancor com relação a ele e à vida. Vejo agora um brilho que aumenta cada vez mais. É uma luz maravilhosa. Você não pode imaginar o que é... Emanam dela um amor e uma paz infinita. Vou ao seu encontro, ela me atrai... Obrigada... Dizem-me que vocês estão escrevendo um livro relatando nossos casos. É preciso esclarecer muito enfaticamente o seguinte: **se não entendermos o que é o amor, não teremos compreendido o sentido da vida.**

Morte repentina

Morrer de modo inesperado nem sempre é negativo. Dependendo do estado de evolução da pessoa, essa forma de morrer pode ser uma bênção. Embora seja certo que, por um lado, a alma tem de se desprender de modo abrupto, não havendo tempo para que o desprendimento se faça paulatinamente, por outro lado evita-se a dor da agonia.

Pode-se dizer, de modo geral, que a doença que acaba por levar a pessoa à morte é um processo de preparação para esta: os corpos etéreos começam a se desapegar do corpo físico pouco a pouco, o que facilita o desprendimento. Isso não quer dizer que nas mortes repentinas isso se dificulte necessariamente, mas, dado o inesperado desse acontecimento, pode haver, em algumas ocasiões, mais confusão.

Voltar a Deus é o desejo do nosso ser profundo. E se, enquanto estamos na Terra, aparentemente nos esquecemos do Ser Supremo, sempre existe no fundo o anseio por algo que não sabemos descrever. Há um grande vazio que não se consegue preencher com nenhuma coisa material, nem com poder, nem com dinheiro, nem com os amores humanos: o movimento das almas rumo a alguma coisa superior a elas e que estas não conseguem definir. O que o ser humano busca ao longo da sua existência é a união com o Grande Todo, que é o anseio de toda a criação, que responde ao chamado do seu Criador.

Quem está mergulhado na soberba recobre com ela esse chamado de sua origem. Contudo, como não se encontra satisfação em nada daquilo que se busca, acaba-se por compreender que há algo mais do que a absurda soberba.

Como o ser humano tem essa sede de infinito no momento da morte, a reação natural é clamar pelo Ser Supremo, recebendo ele de imediato a resposta ao seu chamado na forma de luz acolhedora cheia de amor e paz. Os casos que expusemos nesta obra são as exceções que, pelas diferentes razões que vimos, não vão na direção da luz. Mas o amor e a misericórdia divina sempre estão aí para acolher a quem deseje a luz.

Relatamos a seguir o caso de uma pessoa que morreu de repente por causa de um ataque cardíaco. Sua filha, preocupada com a possibilidade de que essa pessoa estivesse confusa ou desorientada, pediu-nos que meditássemos e lhe enviássemos luz. Tratava-se de uma pessoa que levara uma vida normal, nem especialmente inclinada à espiritualidade nem tampouco desonesta, mas com os erros e acertos comuns à maior parte da humanidade.

Foi-lhe permitido que nos falasse, e eis o que nos disse:

— *Fui sem aviso prévio ao lugar de onde já não se regressa. Minha filhinha muito amada, vejo daqui a sua preocupação comigo, mas não vale a pena preocupar-se; estou bem, há uma luz maravilhosa no lugar em que me encontro e o mais incrível é que posso me comunicar com você, embora não saiba como. Receberam-me à chegada muitos seres queridos que eu acreditava perdidos para sempre, pois mesmo que nos digam que a morte não existe, quando se está aí não se tem a absoluta segurança de que seja verdade.*

Não sofri nada. Quando despertei, dei-me conta de que já não estava nesse plano que se chama vida, mas num lugar diferente que eu não entendia muito bem. Dirigi-me então à misericórdia divina, pedindo ajuda e perdão por minhas faltas e de imediato se abriu uma luz indescritível, plena de amor. O que se sente é indescritível. Saíram a receber-me as pessoas que amo, sorridentes e cheias de amor. Digo a você apenas que o famoso castigo e purgatório não existem, existe apenas este imenso amor Daquele que nos criou.

Vi em seguida, com inacreditável nitidez, toda a minha vida, os meus erros e acertos, e compreendi que a única coisa de valor é agir sem egoísmo. Não se compreende isso em toda a sua magnitude enquanto se está na Terra, apesar de tudo o que nos diz a religião, mas aqui se entende tudo com assombrosa clareza. Posso dizer que se têm remorsos que causam dor, mas que os seres de luz que nos ajudam nesta revisão nos dão um amor tão intenso que a nossa culpa se dissipa. Diga a todos que a única coisa que vale na vida é o amor e a ausência de egoísmo, que essa é a verdadeira missão e sentido da vida.

É de se pensar que esses casos são os mais freqüentes, posto que a grande maioria dos seres humanos, quando se encontra com a morte, clama pela misericórdia divina, o que é suficiente para ver a luz.

Esse conceito de que a única coisa que vale na vida é agir com amor é uma constante presente em todas as mensagens que provêm daqueles que se adiantaram a nós. Enquanto a luz os envolve, eles compreendem isso. Um exemplo adicional é o de uma pessoa que também morreu de repente e cuja primeira reação foi de irritação e revolta por ter deixado a vida que tanto amava. Depois de a termos dirigido para a luz, a mensagem carregada de entusiasmo que nos mandou ao percebê-la foi a seguinte:

— É incrível, mas abriu-se uma fresta luminosa. Dirijo-me a ela e eis que ela aumenta... Continuo a avançar por essa espécie de túnel negro em cujo fundo se começa a ver a luz, cada vez mais luminosa.

É maravilhoso. Não compreendo como não se diz no mundo o que é isso. Se você sabe, diga-o. É o céu... Sente-se um tal calor de amor, de paz e de felicidade que não se pode imaginar quando se está aí. Agora compreendo que se diga que Deus é amor. Isso é verdade, e como!

Vejo sair dessa luz, que me atrai irresistivelmente, seres que vêm na minha direção, que estendem os braços para me ajudar a sair da escuridão em que estava... Obrigado, mil agradecimentos pela sua ajuda, mas diga-o, diga-o a todos os que, como eu, não entendemos o que é a vida... Agora percebo que a única coisa que vale é o amor e que tudo o mais é lixo. Não compreendo como não se explica melhor o processo da vida e o que significa a morte, que não existe. Ela é apenas essa passagem à verdadeira vida, passagem que dificultamos quando não estamos convenientemente preparados. Falam-nos de amor, mas o associam a uma série de bobagens, como o inferno e o castigo divino. Nosso Deus é unicamente AMOR. *E as idiotices que fazemos, creio que as pagamos com o arrependimento quando a nossa mente se torna clara nesta luz maravilhosa.*

Esperemos que se diga isso em voz alta. Dizem que vocês estão escrevendo um livro. Digam-no, e o digam bem: A MORTE NÃO EXISTE; *existe apenas essa mudança de realidade, de uma realidade, que é muito pouco real, para uma outra, que é a verdadeira e na qual vemos com clareza; percebemos que a única coisa que vale são os nossos atos de verdadeiro amor, de generosidade com os outros, de dar sem esperar receber nada em troca, de perdoar a quem julgamos nos ter ofendido... Vou para a felicidade eterna, com o coração todo tomado por esse amor que só conheci esporadicamente na minha vida na Terra.*

Em contraste com essas mortes repentinas, deparamos com as que sobrevêm de modo natural quando o objetivo que a alma fixou para si foi alcançado. Quando a experiência eleita anteriormente comporta a passagem por uma morte lenta e dolorosa, esta segue o seu curso até que a alma decida que já é suficiente, que o aprendizado se completou.

Contudo, há ocasiões em que o apego ao mundo físico impede o desprendimento, que fica mais lento do que era de esperar. Nesses casos, nosso ser interior, que sabe que já não é necessária a permanência no mundo terreno, entra em conflito com o ser inferior que deseja a todo custo continuar com a experiência.

Seis

Mediunidade, outros planos e estados alterados de consciência. Bruxaria

Será a vida ou será a morte? Embora a morte seja tão-somente a noite da vida, porque da noite surge a manhã. Unicamente quando o dia e a noite e a vida forem uma mesma coisa e forem reabsorvidos naquele de onde vieram, vocês terão redenção e união com Deus e com o seu próprio ser.

— PAUL TWITCHELL

Tudo o que existe é manifestação de Deus. O Criador e sua criação formam uma unidade, um só corpo no âmbito em que existimos, razão pela qual teríamos de poder, em forma natural, nos conectar com o Universo inteiro. Não obstante, a partir do momento em que nos sentimos como entidades limitadas e separadas daquilo que nos rodeia, perdemos a faculdade de comunicação com o cosmos. Nosso egocentrismo e nosso excesso de racionalidade obstruíram esse contato, que é aquilo que se entende por mediunidade, psiquismo ou percepção extra-sensorial. Esta faculdade esquecida é inerente ao ser humano e todos a temos, de forma latente ou desenvolvida, em maior ou menor grau.

Mediunidade ou psiquismo é a possibilidade de entrar em contato com outras realidades. É a aptidão de perceber, fora do condicionamento do tempo e do espaço, fatos e circunstâncias, assim como de receber mensagens de outros seres, do plano físico ou de outros planos de consciência, sem necessidade dos sentidos físicos. A telepatia, as premonições e a nossa intuição resultam dessa faculdade, visto que, no primeiro caso, percebemos o pensamento de outra pessoa sem necessidade da palavra e sem que a distância represente uma barreira. No segundo, conhece-se com anterioridade algum evento que ocorrerá no futuro. Quanto à intuição, esta provém do nosso Eu interior, que vibra em outra dimensão.

Há muitos níveis de consciência ou dimensões que vibram em freqüências diferentes, mas que não se devem considerar separados entre si, pois se interpenetram uns aos outros. Os seres que se encontram nas diversas dimensões podem entabular uma comunicação de uma para a outra sintonizando sua freqüência vibratória correspondente. Seja mediante a elevação da freqüência vibratória dos encarnados ou por meio da redução de freqüência pelos de mais alta vibração, o contato se efetuará. Há pessoas que têm mais facilidade para se comunicar com outras realidades; são as que se conhecem pelo nome de médiuns, "psíquicos" ou canais.

"Médium" quer dizer intermediário, e todos o somos em maior ou menor grau. É-se intermediário dos diferentes níveis de consciência ou dimensões na medida em que a pessoa se abre às vibrações destas. Contudo, e mesmo sem que nos demos conta disso, recebemos continuamente mensagens de outros planos, visto que, como dissemos, nossos guias, que se encarregam de nos ajudar em nossa abertura de consciência, se comunicam telepaticamente com os seus protegidos, embora nem sempre com o sucesso desejado. Cabe esclarecer que a freqüência na qual esteja vibrando o médium no momento de fazer o contato vai ser o nível com o qual ele se comunicará. Quanto a isso, dizem-nos:

É preciso sempre limpar o canal dos embates do ego. O receptor precisa estar alerta ao aparecimento destes. O meio pelo qual se consegue isso é o discernimento e a observação de si mesmo. Se nos dizem que uma entidade elevadíssima como Jesus ou Maria se comunicam por nosso intermédio, embora isso não seja impossível, a condição para tal seria que a nossa vibração estivesse numa freqüência muito elevada. Às vezes se enviam mensagens muito válidas provenientes de outras fontes menos excelsas e se diz que são dessas altíssimas entidades com o fito de submeter a prova o discernimento e o ego do médium. Não se trata de crueldade, mas de provas necessárias para a limpeza do canal.

Não importa tanto de quem vem a informação quanto o valor do conteúdo das mensagens. Recomenda-se que vocês estejam muito atentos ao aparecimento do fator fanatismo, visto ser essa outra prova que se dá tanto aos canais como aos seus seguidores. O discernimento tem sempre de estar presente para que se escolha apenas o que é positivo e útil. Muitas vezes não se questiona aquilo que se recebe, uma atitude não recomendável. Como se disse, o trabalho de abertura da consciência deve implicar esforço pessoal, e o discernimento está precisamente no trabalho a realizar. A verdade não se entrega sem que nos esforcemos por encontrá-la.

O verdadeiro trabalho de discernimento é ajudado pela interiorização da nossa alma em busca do contato com o Eu interior. É de certo modo válido pensar que a mensagem vem da própria pessoa, pois é o Eu Superior que ajuda a discernir o que vale e o que não tem valor.

Ora, por outro lado, no estado de evolução em que se encontra a humanidade, é muito difícil chegar a perceber em sua inteireza a luz que habita o íntimo de cada um, e isso faz que os seres humanos precisem de guias que já vêem com mais clareza para que estes sirvam de intermediários entre a Grande Verdade, que é a luz de infinita potência e altíssima vibração, e a vibração ainda fraca do encarnado.

Somos nós, os irmãos desencarnados que ainda estão próximos da vibração de vocês, que procuramos esclarecer as verdades, levando em conta que, já sem o corpo, é mais fácil para nós compreender; e os que estão acima de nós na escala vibratória nos instruem amorosamente.

Aqui se vive em diferentes níveis regidos pela freqüência vibratória. Os que moram em níveis mais elevados podem baixar aos nossos, embora nós não possamos chegar aos planos mais elevados. Contudo, é constante a intercomunicação em todo o cosmos. É como uma imensa rede de comunicação e de interação. Vocês não podem sequer imaginar a infinita sabedoria com que todas as coisas foram projetadas. Qualquer ação do mais humilde dos seres humanos tem toda uma série de repercussões que estão voltadas para recuperar a harmonia que essa ação possa ter prejudicado.

Também percebemos sentimentos favoráveis ou contrários a nós provenientes de outras pessoas. Trata-se de vibrações energéticas que captamos sem precisar de nossos aparelhos sensoriais.

A mediunidade ou psiquismo é na realidade a comunicação com o Universo em geral. Se estivéssemos abertos, poderíamos comunicar-nos com as montanhas, com as plantas, com os animais etc. Há diferentes formas de sensibilidade para a comunicação com o cosmos, dentre as quais citamos a clarividência, faculdade que permite ver, sem os olhos físicos, acontecimentos do passado, do presente e do futuro; a clariaudiência, ou possibilidade de ouvir vozes, música ou mensagens sem a ajuda do sentido da audição; os diferentes transes mediúnicos no âmbito dos quais está a psicografia, em que o médium, em transe, sem ter consciência do que escreve, empresta a sua pena à entidade que a maneja; a escrita intuitiva, caso no qual se recebe telepaticamente, sempre conservando a consciência, mas sem ter idéia da seqüência das palavras nem das idéias que vão surgindo por meio do que é ditado.

O transe é um estado de consciência extraordinário a partir do qual é possível receber ou transmitir informações de outras dimensões; nele, o sentido da identidade egóica se reduz ou desaparece transitoriamente. O transe pode ser superficial ou profundo. No transe superficial, ou estado hipnótico, produzem-se os automatismos sem perda de consciência. O transe profundo é aquele no qual o médium é ocupado por um espírito que controla o processo de modo que, em algumas ocasiões, podem-se mesmo observar que a voz ou os gestos do médium se alteram, aparecendo as características próprias das entidades que se comunicam através dele.

São médiuns as pessoas que curam por meio da imposição de mãos, servindo de canais entre a energia universal que envolve todas as coisas e a pessoa cuja energia em desequilíbrio causa-lhe alguma doença. Também são médiuns as pessoas que realizam operações espirituais. Estas servem de instrumentos a entidades de luz que atuam no plano astral e se servem delas como o cirurgião se serve do bisturi para extrair um tumor.

Sobre esse tema, dizem os nossos mestres:

A cura é efetuada no corpo astral, em que a doença teve origem e que constitui o molde energético do corpo físico. Esclareçamos: se se faz uma intervenção cirúrgica, o médium que está diante do corpo físico não faz mais do que retirar o que já foi retirado do corpo astral; se se pratica uma prótese de osso, por exemplo, essa mesma operação já foi executada no nível astral e o osso implantado no corpo físico haverá de soldar-se de acordo com o modelo do que foi feito no corpo astral. Como se entra no corpo físico sem precisar abri-lo e sem deixar nele uma cicatriz? Se no corpo astral se abre uma fenda em resposta ao poder mental das entidades que trabalham nesse plano, o corpo físico passa pelo mesmo processo. O médium que trabalha no plano tridimensional apenas segue instruções, isto é, ele serve simplesmente de instrumento.

Fazem-se também curas por meio da força da mente do médium, mas esse sistema é diferente. O processo se realiza por meio da desmaterialização daquilo que é amputado, materializando-o depois fora do corpo físico. Observe-se que também nesse caso o processo é realizado com a assistência deste plano, em que as entidades elevadas que ajudam obtêm o desaparecimento do mal no corpo astral.

Da mesma maneira, os artistas são também médiuns ou canais. A criatividade, latente em toda e qualquer pessoa, tende a expressar-se de diversas formas, desenvolvendo-se mais naqueles que têm sensibilidade artística. Esta consiste na possibilidade de pôr-se em contato com outros planos mais elevados de consciência dos quais provém a "inspiração", que concretiza o equilíbrio e a beleza que se plasma na obra artística. Vejamos o que dizem acerca disso os nossos mestres:

> Os artistas são canais que, ao entrar em contato com outros planos, traduzem aquilo que recebem em obras artísticas nas quais se expressa a força criadora do ser humano. A beleza é atributo do Ser Supremo, e todos somos sensíveis a ela, posto que faz vibrar uma fibra profunda do nosso ser que, ao contemplá-la, faz com que recordemos, mesmo que por um instante, a beleza absoluta do Ser Supremo que nos deu a existência.
>
> A beleza da natureza também nos liga ao Criador quando nela encontramos Sua magnificência e Sua expressão, dado que todo o belo é manifestação divina de uma ou de outra forma. Isso não significa que a beleza que percebemos neste plano seja a do Criador; trata-se da réplica, no nosso nível de consciência, da beleza suprema original. À medida que formos subindo de nível, nossas criações serão cada vez mais belas e puras.
>
> A música se compõe de vibrações sonoras que estão no cosmos. O compositor não extrai a sua composição da mente, mas se conecta com essa freqüência e traz ao mundo material os sons que ouve. Essas ondas sonoras chegam ao seu ser; ele as percebe, sente-as e, depois, mistura-as e as transforma, combinando-as, do mesmo modo como os pintores combinam as cores de acordo com o seu estado de espírito e mediante o conhecimento adquirido por meio do estudo. Quando [o compositor] está alegre, a música resultante é alegre; quando está nostálgico, é isso que sua música exprime; e quando se tem o anseio do nosso destino final, a música produzida é grandiosa. Os sentimentos elevados geram uma música elevada, mas a música que passa pelo canal da incoerência, da agressividade e da rebeldia inspira em quem a ouve esses mesmos sentimentos.

Devemos procurar o conhecimento das leis universais a fim de voltar ao lar e ajudar os que vêm depois de nós a se elevar na escala da evolução. O conhecimento é obtido com esforço através do trabalho interior de abertura de consciência à unidade.

Há quem, desejando queimar etapas, busque o conhecimento com base em exercícios e respirações que ativam a energia dos chakras de uma forma que essas pessoas ainda não podem manejar, já que o seu desenvolvimento espiritual não é compatível com ela. Mediante certas drogas, que levam a estados alterados de consciência, essas pessoas conseguem captar outras realidades, o que não lhes é possível no estado normal. Quando elas se projetam artificialmente a outras realidades, sua viagem pode estar carregada de suas próprias criações mentais, que nem sempre são positivas. O perigo reside no fato de que, como não estão no nível de vibração requerido para essas viagens a outros planos, essas pessoas fiquem parcial ou totalmente ancoradas nos planos astrais nos quais se projetam.

Podem-se definir os estados alterados de consciência como aqueles em que as pessoas se libertam das limitações associadas com a consciência comum e em que as fronteiras entre o eu e o mundo ficam imprecisas.

Para entrar em contato com o plano espiritual enquanto se vive no plano físico, é preciso elevar a própria vibração por meio da dissolução do sentimento de separatividade ou ego. Volta-se à vibração do plano físico baixando-se outra vez a freqüência vibratória. Enquanto se for a planos astrais de maneira artificial, haverá o perigo de não poder regressar, já que se conseguiu isso sem a necessária aceleração vibratória. É por isso que os estados de êxtase e as experiências místicas ocorrem por meio do trabalho espiritual, que eleva as vibrações, abrindo a consciência.

Bruxos e bruxaria

O pensamento é energia criadora que tende a dar forma àquilo em que se concentra. Há certas leis e forças do Universo desconhecidas pela maioria da humanidade, mas que algumas pessoas sabem usar em favor dos seres humanos ou contra eles. Nosso poder mental é insuspeitado e, movimentando-se com ele certas energias, podem-se obter forças poderosas, bem como criar elementais.

Os elementais são, entre outras definições, emanações vibratórias da nossa vontade de seres encarnados que podem agir como entidades desencarnadas. Disso se conclui que o nosso pensamento pode fabricar essas entidades chamadas elementais, as quais possuem uma força vibratória relativa ao nível de consciência do seu criador, ao qual ficam vinculados e ao qual servem.

São essas entidades que os bruxos negros usam e que, ao lado das entidades maléficas chamadas em seu auxílio, servem-lhes para fazer o que se denomina "trabalho de bruxaria".

Também na natureza há esses elementais, que alguns médiuns podem ver e que são os que deram origem às histórias de gnomos, fadas, duendes, elfos etc. Esses seres, que vivem na Terra e não estão encarnados, têm uma consciência rudimentar, mas, como todo o resto da criação, estão em evolução rumo à origem. Eles absorvem as emanações da humanidade, e isso faz que, num ambiente cheio de bondade, nasçam elementais bons e, no caso contrário, elementais maléficos. Estes estão cheios de inveja e de maldade e optam por motivações negativas. Se se encontram com pessoas que estão em busca da luz, dedicar-se-ão a causar-lhes todos os males possíveis, aproveitando para os seus fins algum resquício de negatividade presente na aura da pessoa. É freqüente que a obtenham, dado que, no atual estado de consciência da humanidade, os seres humanos, mesmo que estejam buscando a luz, nem sempre se mantêm em alta vibração. Dessas entidades também se servem os bruxos negros.

Da mesma maneira, todas essas entidades podem ser utilizadas de modo positivo, isto é, para o bem comum, o que inclui as purificações e a cura física ou moral, que recebe o nome de magia branca, ou em proveito próprio e contra os outros, o que se entende por magia negra.

Quem busca novos conhecimentos a fim de obter poder o consegue, mas se vê aprisionado nesse poder, dado que não o usam em comunhão com o Todo, mas sim para se sentir superiores aos outros.

Certos bruxos usam os conhecimentos que libertam o poder da mente para escapar do plano físico, elaborando outros planos de consciência onde se encontram as pessoas que praticaram esses ensinamentos.

Não se admite nesses planos nenhuma coisa que não tenha sido preparada na bruxaria, que efetivamente tem acesso aos poderes que permitem criar à vontade qualquer situação. A intenção desses seres é elevar-se ao infinito, mas de modo exclusivo, razão pela qual perderam a verdadeira rota, que é a união com o Todo, no qual não cabe nenhuma exclusão.

Vive no inferno criado por si mesmo quem busca o poder que está em cada um de nós mas sem se lembrar de que somos UM e de que de nada serve chegar a conhecer o funcionamento das leis cósmicas se se esquece do amor.

Muitos dos chamados bruxos chegaram a conhecimentos extremamente avançados no que toca ao poder da mente, à percepção de outras realidades e à transmutação da matéria, mas faltou-lhes o amor, que eles excluem intencionalmente de suas práticas para conseguir melhores resultados.

Eles seguem o método de subtrair-se à consciência coletiva, que exerce influência sobre toda a humanidade. Essa consciência coletiva é formada pelos pensamentos e, por conseguinte, pelas ações do gênero humano. Os bruxos negros se furtam a essa influência rompendo com os padrões das relações humanas, de amor, de amizade e de família, que regem a humanidade. Eles não entram em comunhão com nenhum desses padrões e, pelo contrário, fogem deles a ponto de serem impiedosos, de não se relacionar emocionalmente com ninguém e de só usar as diferentes relações humanas em seu próprio benefício. O fato de esses bruxos prepararem outros aprendizes nesses conhecimentos não decorre do amor nem visa beneficiar estes últimos, mas sim utilizá-los para fortalecer os planos de poder que elaboraram.

O poder que alcançam é muito grande: eles podem alcançar o domínio sobre aqueles a quem se propõem dominar, desejando cada vez mais o poder em outros planos. Não se contentam com o poder que podem obter no mundo físico: este já não lhes causa grande interesse, mas o que está nas outras realidades nas quais conseguem projetar-se, realidades que foram fabricadas por eles mesmos.

Esses conhecimentos têm por base a força da mente de que todas as pessoas dispõem. Os bruxos negros conseguiram ter acesso a eles mediante métodos de disciplina deveras rígida, herdados de culturas extremamente antigas. Nelas, os homens que seguiam essas técnicas conseguiam transcender o plano físico, mas elas sempre tinham por base o amor. Houve ainda assim ovelhas desgarradas que buscaram o poder sobre os outros e que são os que se tornaram bruxos, cujas tradições prevaleceram até agora.

Isso não significa que não se pode avançar no conhecimento do nosso poder se se agir com amor, mas que o processo tem maior amplitude. É preciso antes chegar a agir em perfeito acordo com a harmonia da consciência de unidade para então se ir superando as limitações impostas em razão da nossa consciência de separatividade. Essas limitações se formaram precisamente obedecendo ao poder da nossa mente, que se julga separada do resto do cosmos.

Os bruxos usam esse mesmo poder mental para eliminar as limitações, mas não eliminam a sua causa, que é o sentimento de separatividade. Eles agem em proveito de alguns, criando planos de consciência nos quais se projetam. O problema está no fato de ficarem aprisionados nesses planos, já que, enquanto não se conscientizarem da unidade com o Todo, sua consciência separatista os aprisionará nesse limbo de onde é difícil sair, dado que forçaram o processo evolutivo queimando etapas sumamente importantes. Enquanto não chegarmos ao conhecimento por meio do amor, não conseguiremos transcender este plano tridimensional. A única coisa obtida é a ida para esses planos criados pela mente desses seres, planos em que há apenas frio e desolação. Sua estupidez os encerra aí e sua soberba os impede de sair.

Certa vez, estando com o nosso grupo de meditação, com o qual nos reunimos uma vez por semana, recebemos a seguinte mensagem de seres que estavam presos num desses planos:

Nosso problema é que não conseguimos sair da nossa reclusão voluntária, que criamos com a nossa mente através de muitas mentes que se organizaram para criar um plano de poder. Seguindo técnicas projetadas para despertar o poder de percepção e o poder mental, criamos um plano no qual estamos todos os que buscamos o poder e a superioridade com relação aos outros. Nosso erro consistiu em esquecer que somos parte de um Todo e que o nosso plano não pode ser para alguns, devendo em vez disso ser universal.

Eis-nos aqui prisioneiros neste plano, com um estado de consciência bem elevado, mas enterrados na nossa soberba. Pedimos-lhes que nos ajudem a sair com amor e dedicação. Essa energia do amor, que é o que nos faltou quando quisemos ser super-homens, vai desfazendo a crosta de egoísmo e de soberba que nos mantém imobilizados neste plano.

Continuem a enviar luz aos que se vêem paralisados, pois o seu apoio nos serve verdadeiramente. Somos muitos, e a cada dia chegam mais.

Aprisionada em uma morada diabólica

Algum tempo depois, estando reunido o nosso grupo de meditação, recebemos um dramático chamado dirigido a Carmen e pedindo ajuda ao grupo. Para nosso assombro, o chamado provinha de Julieta, uma amiga cuja morte ignorávamos:

É grande o meu desespero. Segui Roberto porque não queria perdê-lo. Esse desejo de controle sobre sua pessoa me fez esquecer tudo o que eu sabia com certeza: que a busca de Roberto não era a luz mas o poder.

Por que não dei importância ao que sabia? Por que me deixei levar pelo amor humano, que não passa de ego?

Preciso agora de muita energia do verdadeiro amor para sair desta prisão em que entrei voluntariamente. Como eu tinha dito a você, os bruxos elevam sua vibração e conseguem entrar em outros planos de consciência que eles mesmos criaram. Seu poder é imenso, e a única coisa que procuram é que outras pessoas entrem aí para sustentar com sua energia as moradas diabólicas deles. Encontro-me aqui aprisionada com Roberto: ele não percebeu a verdade do que acontece, mas eu a percebi e desejo fervorosamente ver a luz e sair daqui.

Mandem-me luz: é a única coisa que poderá me salvar, e Ele, que pode tudo, perdoará a minha soberba. Como eu disse, essa não é a primeira vez que me acontece isso; eu não aprendo, sou rebelde.

Se a nossa amizade teve algum sentido, é para me ajudar nestes momentos difíceis. Muito lhe agradecerei sua ajuda. Não posso bendizer aqui o Criador porque a energia é tão sombria e densa que me impede. Bendiga-o por mim e ajudem-me a sair. Julieta.

Nós todas nos concentramos para enviar-lhe luz e energia amorosa. Houve quem a visualizasse lutando contra uma massa de energia negra, mas por fim, depois de receber a nossa energia, ela foi vista rodeada de uma luz azul, que a levantava, tirando-a daquela massa densa como chiclete.

Informaram-nos depois que Julieta se libertara e estava no sono reparador daqueles que se afastam da luz. Quando despertar, sua ascensão será rápida, pois se trata de um ser de consciência avançada.

Julieta era uma mulher jovem que estava na busca espiritual de maneira sincera e profunda. Havia muitos anos, sua vida era dedicada à investigação das diferentes correntes espirituais e esotéricas, tendo participado de inúmeros cursos de ajuda à abertura de consciência. Era uma pessoa muito preparada: obtivera uma pós-graduação em parapsicologia numa universidade norte-americana. Em sua vida profissional, procurara sempre ajudar os outros, tendo compreendido que o único caminho é através do amor e da desidentificação do ego. Era uma alma evoluída que procurava ser coerente com suas crenças.

Seu problema era o fato de ser profundamente apaixonada pelo marido, que se dedicava a investigar o xamanismo do ponto de vista social e científico. A verdadeira motivação dele era o desejo de se sobrepor aos outros buscando conhecimentos que lhe dessem poder. Julieta era sincera em seu trabalho espiritual; portanto, não comungava com os interesses do marido pela busca do poder. Contudo, seu desejo de controlar e querer mudar Roberto a fez segui-lo em suas experiências com os bruxos, sabendo muito bem o que se fazia ali.

Eles quiseram voluntariamente experimentar a passagem a outros planos de consciência mediante certas práticas de bruxaria em que se entra momentaneamente em um estado de morte corporal. Mas como não se pode brincar com fogo sem se queimar, eles perderam o controle e ficaram na experiência.

Julieta pensava que teria força suficiente para não se deixar arrastar a esses planos, de onde não é fácil sair. Ela queria demonstrar a Roberto que a sua busca era errada, pois esses planos tinham sido fabricados pela consciência dos bruxos. Seu desejo de salvar Roberto do erro a levou também ao pântano, já que não se pode forçar ninguém a mudar de atitude. Tem-se de respeitar sempre o livre-arbítrio, coisa que ela não fazia. Daí sua relação tão patológica, algo que, apesar de sua busca sincera, fez que ela se perdesse.

Um ano depois, recebemos a seguinte mensagem de Julieta:

Dão-me a oportunidade de me comunicar outra vez com vocês e quero dizer-lhes que é preciso muita força para sair do cárcere voluntário em que os bruxos se encontram. Eu saí graças à ajuda inestimável de vocês, e agora me permitem que eu lhes fale sobre o que são esses planos demoníacos.

As forças do pensamento são criadoras e, sabendo-se ter acesso a elas com base em exercícios e autodisciplina, consegue-se ter um poder inaudito. Podem-se criar, por exemplo, objetos que se materializam depois de desmaterializados em outro lugar; pode-se entrar no campo energético de outra pessoa, obsedando-a e tomando conta de sua vontade; pode-se também provocar doenças em algumas pessoas causando distorções em sua alimentação energética. Tudo isso é o que fazem os bruxos negros. Também se podem criar outros planos de consciência onde eles se projetam para se comprazer com o poder de suas criações.

Contudo, quando se perde o conceito de união, esse poder tão grande, que é usado no sentido egoísta, tem tal densidade que é muito difícil sair de sua aura energética. Posso dizer lhes que esses planos formados pelos bruxos são verdadeiramente nefastos.

Fiquei com muito medo por estar nele e comecei a sentir um frio gelado que não me deixava. Quem ali se encontra está embotado pelo poder, já que cria a seu bel-prazer situações que lhes agradam e que são sempre de poder sobre os outros. Não há conflito, porque existe um grande respeito pelas hierarquias, que se vão formando segundo o poder que cada um alcança.

Posso lhes garantir que isso é o que eu entendo por inferno. Lamento muito saber que Roberto ainda se encontra ali, mas essa foi a decisão dele e eu não posso fazer nada. Finalmente, compreendi. A todos são dadas as oportunidades necessárias para sair dali, e algum dia o conseguirão, mas é extremamente difícil, terrível. Meu amor e meu agradecimento a vocês. Julieta.

Quanto ao mal que se pretende causar a algumas pessoas, ou àquilo que se entende por "trabalho de bruxaria", este só se manifesta se a pessoa a que o trabalho é dirigido estiver vibrando de alguma maneira na negatividade. Aquele que realiza a chamada purificação exerce o poder do pensamento de modo positivo, que sempre tem mais força do que o seu contrário e neutraliza a negatividade recebida pela vítima. Mas o bruxo negro não percebe que essa força negativa que ele envia voltará a ele com maior intensidade, assim como vai voltar à pessoa que o encomenda, já que também nesses casos age a lei de causa e efeito de que ninguém escapa. O pior erro seria contra-atacar com o mesmo método, visto que assim se criaria um círculo vicioso.

Epílogo

Para finalizar, incluímos várias mensagens dos nossos mestres que ilustram algumas das principais idéias desta obra.

Nossa recusa à dor decorre do fato de não a entendermos. A dor é uma força que eleva as vibrações de quem a sofre, sejam pessoas ou animais. O motivo é o seguinte: a dor se opõe ao bem-estar no mundo tridimensional, sendo portanto uma força que contém uma carga positiva no sentido de que ajuda o desapego da atração do mundo físico.

Já dissemos que os comportamentos desarmoniosos trazem uma carga negativa que precisa ser contrariada para que se recupere o equilíbrio. Como essa negatividade foi provocada pela falta de amor, a maneira de restabelecer o equilíbrio perdido é ou com amor, isto é, com a força contrária à que provocou o desequilíbrio, ou com dor, já que esta, ao trazer uma carga contrária ao bem-estar e ao apego ao material, tem força positiva.

Ora, por que os animais têm de passar pela dor se ainda não têm consciência de seus atos, que em geral são apenas intuitivos? Quando o animal sofre, sua vibração anímica se sutiliza, uma vez que, de qualquer maneira, o sofrimento traz uma carga positiva pelas razões expostas acima. Os animais, assim como o resto da criação, estão evoluindo rumo ao Criador, e sua vibração também tem de evoluir. Não se trata de crueldade do Altíssimo, mas da simples lei de compensação.

Os animais, quando sofrem, não se revoltam, como os seres humanos. Em seu foro íntimo, eles sabem que não se trata de algo negativo, e o aceitam. Quando é aceita, a dor desaparece no maior grau que se possa pensar, visto que, como não há oposição, a dor diminui de modo notável e, às vezes, desaparece.

Se entendêssemos que tudo o que acontece no mundo da matéria tem o objetivo de nos fazer evoluir e sair desse plano ilusório, aceitaríamos melhor a dor. Toda a dor que impera nesse mundo nos serviria como energia propulsora que nos levaria aos planos de consciência ou dimensões superiores seguintes, em que a dor já não é necessária, dado que teremos compreendido o que significa o amor, que é a união de todas as criaturas entre si e com o Criador.

Essa bela mensagem nos esclarece sobre o verdadeiro sentido da dor.

Nada pode ser tão doloroso quanto o sentimento que alguns têm de que o seu sofrimento de nada serve. Elas podem transformar a sua dor e a sua morte se as oferecerem de todo o coração em benefício e para a felicidade dos outros. Os mestres tibetanos recomendam, no *Livro Tibetano dos Mortos*, a obra mais antiga e mais importante que já se escreveu sobre a morte, uma prática muito forte e especialmente significativa para os doentes terminais. Esta consiste em imaginar, com toda a intensidade possível, todas as pessoas que tenham essa mesma doença, e dizer, com muito amor: "Desejo absorver o sofrimento de todos os que tiverem esta mesma doença. Desejo que se libertem desta aflição e de todo o seu sofrimento." Deve-se depois imaginar que a doença e os tumores deixam o corpo dessas pessoas na forma de fumaça, e se dissolvem dentro da nossa própria doença e dos nossos tumores. Quando inspiramos o ar, inspiraremos todo o sofrimento, e quando o expirarmos, imaginaremos que a respiração sai em forma de luz, de cura e de bem-estar. Pratiquemos isso durante vários minutos e, ao fazê-lo, acreditemos com plena convicção que os outros estão sendo curados. Essa prática dá um novo significado à nossa morte e pode transformar-nos por completo. Ninguém deve morrer no ressentimento por sentir que seu sofrimento não serve para nada. Nenhum sofrimento carece de sentido se a pessoa o aceita com humildade ou se o dedica ao alívio do sofrimento alheio.

Viver em harmonia significa viver em união com tudo o que existe. Isso quer dizer, aceitar o momento presente como vem, lutar sim para melhorar as condições de vida, mas sem forçar os resultados de nossa luta. Se num dado momento acreditamos que devemos agir de determinada maneira para conseguir o resultado que desejamos, e este não for conseguido, em lugar de nos opor ao não desejado, devemos deixar de lado o nosso empenho naquilo que víamos como o que devia ser e aceitar o que aconteceu, embora seja contrário aos nossos desejos.

Isso não quer dizer, de forma alguma, que não devamos lutar para alcançar o nosso ideal ou a nossa meta. É preciso lutar contra todos os obstáculos, e mesmo enfrentar os reveses e continuar a lutar; mas quando a vida indica uma saída diferente da prevista, temos de adotá-la. Por algum motivo, as coisas saíram assim e, se soubermos ver, constataremos mais tarde que essa é a saída mais conveniente. É preciso, pois, distinguir entre lutar para chegar à meta, enfrentando os obstáculos, e empenhar-se em obter um determinado resultado a que a vida se opõe de mil maneiras, oferecendo-nos outra solução pela qual deveríamos optar.

Se vivemos no presente observando o que acontece dentro e fora de nós, começaremos a descobrir todas as atitudes que nos impedem de fluir com o que está acontecendo. Toda a nossa maneira de agir que não vem do amor vem do medo, do sentido de separação, do ego, que controla a maioria dos nossos atos. O caminho espiritual é o processo de conscientizar-se de nossas atitudes egóicas e, pouco a pouco, por meio da auto-observação e da meditação, ir dissolvendo-as a fim de que o nosso Verdadeiro Ser se manifeste. Viver é morrer para o medo, para o desejo de controlar e para a falta de confiança e de aceitação, a fim de renascer para o AMOR, que é a nossa verdadeira essência.

Se uma pessoa desperdiça a oportunidade de crescer espiritualmente em sua vida, esta lhe servirá de exemplo para ela não repetir o mesmo padrão e, quando chegar ao outro plano, perceberá quanto prejuízo causou ao seu redor, o que acabará com sua atitude negativa e a fará ir ao seu novo trabalho cheia de arrependimento e de disposição para trabalhar. Todos os seres humanos, por mais malvados que tenham sido, vão à luz se o quiserem, e ali verão com clareza os erros do seu modo de agir, o que os levará a desejar corrigi-lo. Isso, claro está, no caso de o ser querer elevar-se voluntariamente ao mundo espiritual. Muitos têm dificuldades para sair do Baixo Astral, ao qual ficam apegados, desejando voltar a ter poder e posses. Mas, como já dissemos, a atração da nossa origem é mais forte do que qualquer desejo. É verdade que essas almas podem ficar ali séculos do tempo de vocês, mas as orações dos encarnados e o nosso esforço de tirá-las no final têm êxito.

É por esta razão que se recomenda tanto orar pelas almas do "purgatório", já que isso gera uma energia que ajuda a libertação dos que ali se vêem presos.

É verdadeiramente admirável a maneira como o nosso Criador concebeu o desenvolvimento de cada consciência. Ele nos dá o livre-arbítrio, e voltamos à nossa origem depois de passar por inúmeras experiências nascidas da nossa vontade de criar. Que maravilha de generosidade o partilhar com Suas criaturas Seu poder! Iniciamos esse ciclo com uma consciência muito elementar, e, para que a ordem universal não seja transtornada, existe a lei de causa e efeito. Assim, começamos a ter a experiência dos efeitos do nosso poder criador até que, gradualmente, este se vá sintonizando com a harmonia universal. Mas ainda se precisa do que é desarmonioso como processo de compreensão, visto que, ao se ir compreendendo o funcionamento correto, se vai aprendendo a existência dos dois pólos, o que se entende como bem e mal, sendo este último a experiência que torna possível a descoberta da magnificência do Criador. Se não se passasse pelo erro, não se apreciaria a maravilha que é voltar à luz, admirar o que ela é. Sem passar pela sombra, não é possível admirar a força da luz.

Nossa individualidade permanecerá para sempre, embora unificada com as outras individualidades e participando das experiências de todas elas. Se ela nos foi dada é para que cada uma das consciências individualizadas realize um determinado trabalho, e para que elas se complementem dessa maneira no maravilhoso plano da criação. A felicidade é o equilíbrio de tudo o que existe. Se não entendemos o motivo da criação, mesmo assim podemos perceber esse equilíbrio, essa paz e essa plenitude quando conse-

guimos, na meditação, entrar em contato, mesmo que por uma fração de segundo, com esse oceano do qual somos uma pequena gota.

Vivemos numa total confusão acreditando que a única coisa que existe é aquilo que percebemos com o nosso sistema sensorial. Usamos toda a nossa energia para tentar nos destacar dentre os outros, controlar para obter poder, possuir coisas materiais e satisfazer o sexo e os sentidos físicos. Nessa confusão, nos esquecemos do que realmente tem valor, que é a compreensão total da nossa natureza divina, e nos enredamos em minúcias que, no final, não nos servem, uma vez terminada a nossa passagem pelo plano terreno.

É esse apego e essa sujeição ao material e aos afetos familiares que nos restringem a liberdade, deixando-nos presos àquilo de que não pudemos nos libertar.

Por essa razão, é conveniente desapegar-nos de tudo antes de empreender a viagem ao nosso verdadeiro lar, visto que, se não o conseguirmos, nos veremos desejando regressar ao plano tridimensional a fim de fechar círculos e acabar de uma vez por todas com as dívidas kármicas, que se traduzem em aprendizagem de amor e desapego.

Ao morrer, devemos estar livres de apegos, sujeições e aversões. Só assim rumaremos para a luz sem olhar para trás e nos transformarmos em estátuas de sal.

Se mudássemos a nossa visão desta vida e não a tomássemos como a única e a mais importante, mas como mais uma etapa no nosso longo processo de evolução, entenderíamos melhor o verdadeiro significado da morte.